屠格涅夫传

杜艳艳◎著

时代文艺出版社

图书在版编目（CIP）数据

屠格涅夫传 / 杜艳艳著. —长春：时代文艺出版社，2016.4（2023.7重印）

ISBN 978-7-5387-5132-1

Ⅰ.①屠… Ⅱ.①杜… Ⅲ.①屠格涅夫，I.S.（1818~1883）—传记 Ⅳ.①K835.125.6

中国版本图书馆CIP数据核字（2016）第001723号

出 品 人　陈 琛
责任编辑　孟宇婷
装帧设计　孙 利
排版制作　隋淑凤

本书著作权、版式和装帧设计受国际版权公约和中华人民共和国著作权法保护
本书所有文字、图片和示意图等专有使用权为时代文艺出版社所有
未事先获得时代文艺出版社许可
本书的任何部分不得以图表、电子、影印、缩拍、录音和其他任何手段
进行复制和转载，违者必究

屠格涅夫传

杜艳艳 著

出版发行 / 时代文艺出版社
地址 / 长春市福祉大路5788号　龙腾国际大厦A座15层　邮编 / 130118
总编办 / 0431-81629751　发行部 / 0431-81629755
官方微博 / weibo.com / tlapress　天猫旗舰店 / sdwycbsgf.tmall.com
印刷 / 北京市一鑫印务有限公司
开本 / 710mm×1000mm　1 / 16　字数 / 138千字　印张 / 12
版次 / 2016年4月第1版　印次 / 2023年7月第3次印刷　定价 / 36.00元

图书如有印装错误　请寄回印厂调换

目录 Contents

序言　为爱而生 / 001

第一章　缺少阳光的童年
 1. 渴望父爱与母爱的孩子 / 002
 2. 忧郁的孩子与诗歌 / 006
 3. 母亲的影子 / 011

第二章　腼腆的少年
 1. 初恋的感觉 / 016
 2. 被父亲夺走的初恋 / 023
 3. 枯燥的大学生活 / 028
 4. 与大诗人普希金的邂逅 / 031

第三章　出国留学
 1. 母亲的眷恋 / 038
 2. 一次死里逃生的旅程 / 043
 3. 自叹"井底之蛙" / 046
 4. 结交斯坦凯维奇 / 049
 5. 疯狂的母亲 / 052

第四章　甜蜜的负担——女儿
1. 上帝赐予的小天使 / 058
2. 被唤醒的父爱 / 064
3. 为了女儿的幸福 / 071
4. 女儿的不幸是父亲最痛的伤 / 076

第五章　纠结一生的爱
1. 心中永远的女神 / 082
2. 不被祝福的爱 / 086
3. 无法言说的痛 / 089
4. 最后的赞歌 / 094

第六章　曲折而辉煌的文学之路
1. 半路夭折的哲学硕士考试 / 100
2. 志同道合的朋友——别林斯基 / 103
3. 走入文学阵营 / 108
4. 潇洒的猎人 / 110

第七章　贫穷与富贵
1. 游走在贫困线上的地主少爷 / 116
2. 母子间的谈判 / 120
3. 最后的争吵 / 127
4. 贫富只在一夜间 / 134

第八章　捍卫正义的勇士
1. 农奴的朋友 / 140
2. 为正义高呼的勇士 / 143
3. 忠实的朋友 / 147
4. 令人痛心的结局 / 151

第九章　与列夫·托尔斯泰的友谊
1. 发现一颗耀眼的新星 / 156
2. 托尔斯泰的慕名拜访 / 159

3. 一场几乎引发决斗的争吵 / 164
4. 最后的勉励 / 168

附　录
屠格涅夫生平 / 176
屠格涅夫年表 / 178

序言

为爱而生

我打猎归来，走在花园中的林荫小道上。猎狗奔跑在我的前方。

突然，它放慢奔跑的速度，开始蹑足潜行，好像嗅到了野物的气味。

我顺着林荫小道望去，看见道上有一只小麻雀，嘴角带着乳黄色，头上绒毛还没褪。它从巢里跌落下来（风正猛烈地吹动着林荫路上的白桦树），虚弱地趴在地上，绝望地张开两只刚刚长出的翅膀。

我的狗慢慢地逼近它。忽然，从附近一棵树上扑下一只黑胸脯的老麻雀，直落到猎狗的鼻尖前——它羽毛倒竖，惊恐万分，发出撕心裂肺般的哀鸣，还迎着猎狗露出的獠牙扑腾跳跃了两下。

它是冲下来救护的，它用自己的身体来掩护自己的孩子……但恐惧依然让它小小的躯体不停地颤抖，微弱的声音也变得粗暴嘶哑。它横在小麻雀与猎狗之间，一动不动，打算牺牲自己！

一只猎狗在它的眼里是多么庞大的怪物啊！但它仍无法安栖于高高的、安全的枝头……一股比意志更强大的力量，驱使它从枝头冲下。

我的猎狗特列佐尔停止逼近，向后退缩……看来，它也发觉了这股力量。

我赶紧叫回惊慌不安的猎狗，怀着崇敬之情走开。

是的，请别发笑，我崇敬那只弱小的、勇敢的鸟儿，崇敬它那爱的冲动。

爱，我想，比死亡及死亡的恐惧要强大得多。只有依靠它，依靠爱，生命才能得以维持，得以发展。

以上是屠格涅夫的散文诗《麻雀》。诗中他歌颂了一只为救孩子而奋不顾身的老麻雀，然而，为了钟爱的人——女儿、情人、朋友，他又何尝退缩过呢？

他一生未婚，只有一个非婚生的女儿——波丽奈特，为了自己女儿的幸福，他倾尽所有父爱。为了让女儿能享受幸福美好的未来，他甘愿承受巨大的经济压力；为了让女儿有个幸福的归宿，他谨慎为她择婿并奉上丰厚的嫁妆，而女儿不幸的婚姻则是他最痛的伤，让他在离世时仍无法安心。

他一生未婚只因一个已婚的女人——波琳娜·维亚尔多。在风华正茂的年纪遇见她，对他来说是一种大大的幸运，也是一种大大的不幸。他的才华她完全可以欣赏，让他在艺术的路上走得不孤单，但他却无法与她"执子之手、与子偕老"，组建起幸福美满的家庭，因为她是个有丈夫、有孩子的成功女人，慈悲之心让他不忍心去毁掉她完整的家和她用才华赢得的荣耀。为着一份注定无果的爱，他默默地奉献着自己全部的柔情，无声无息、无休无止。

　　他将友情看作是生命的一部分，与残缺的爱情一起支撑着自己前行。他交友甚广，将他所结识的名人汇集在一起，就能涵盖那个时代各个领域的辉煌。他与他们畅谈理想，他为他们指引方向，他替他们四处奔劳，益友、良师、同路人，他认真地扮演着他的角色。他无私地付出自己的友情，也赢得了朋友们的爱戴。当然，他也曾与朋友决裂过，但那都是由于爱得太深，彼此之间容不得任何插曲。

　　纵观他坎坷艰辛的一生，唯有"悲壮"一词可以形容。不幸的女儿、残缺的爱情、波折的友情，让他的一生看起来是那样的悲凉！然而，他却仍奉献出自己全部的爱，去热烈地、无私地爱着他们，无怨无悔、至死方休。

第一章 缺少阳光的童年

知识比世上的任何东西更能给人带来自由。

——屠格涅夫

1. 渴望父爱与母爱的孩子

屠格涅夫是个古老而尊贵的姓氏，俄国伟大的作家、评论家伊凡·谢尔盖耶维奇·屠格涅夫就是这个贵族世家的传人。不幸的是，屠格涅夫家族到了伊凡·谢尔盖耶维奇的祖父那一辈就已经没落了，祖传的领地也所剩无几。

伊凡·谢尔盖耶维奇·屠格涅夫的祖父尼古拉·阿列克谢耶维奇出身行伍，曾是近卫军中的一员，最后以准尉的军衔退职。他的父亲谢尔盖·尼古拉耶维奇同祖父一样，也曾供职军中，并以上校的军衔退役。屠格涅夫的父亲正是由于处理一件军务才得以与他的母亲相识，并最终走入婚姻殿堂。

屠格涅夫的母亲是一位非常富有的女地主，单是登记在她名下的大庄园就有四五座，良田和农奴更是多得惊人。在当地，一提到他的母亲瓦尔瓦拉·彼得罗芙娜·卢托维诺娃，人们都会咂舌，并流露出非常艳羡和极度敬畏的表情。这是因为她的财富实在是多得惊人，还因为她的脾气也乖戾得让人惧怕。

所有不同寻常的经历都会在人的性格上留下印记，屠格涅夫的母亲瓦尔瓦拉的性格之所以令人惧怕，与她年少时期的艰难遭遇密不可分。在她还很小的时候，她父亲就因病去世了，后来母亲再嫁，她就跟了过去，但她的继父很不喜欢她，经常专横地指责她，甚至虐待她，使她在原本该天真活泼的童年里却受尽凌辱。终于，在她16岁左右的时候，因实在不堪欺辱就离家出走了。

幸运的是，她的叔叔伊凡·伊凡诺维奇·卢托维诺夫遇到了她，并把她带回了自己的庄园。结束了被虐待和四处流浪的生活，对瓦尔瓦拉来说应该是件幸运的事，但命运对她的捉弄却并没有结束，在把她带出一个牢笼的同时，又把她送进了另一个牢笼。瓦尔瓦拉的叔叔喜怒无常，行事专横，还有许多几乎令人无法忍受的怪癖，虽然他很宠爱自己的侄女，但正是他的宠爱又给瓦尔瓦拉带来了新的不幸。

他为了保护瓦尔瓦拉，经常将她关在楼上不让出门，还不允许其他人接近她。近乎幽禁的生活让她的青春只能在孤独中消逝，年近三十的她已变成了一个老姑娘，但她的叔叔仍没有为她寻觅夫婿的打算。

直到年过三十，她的叔叔因病去世后，她才获得自由。与此同时，她还继承了她叔叔的全部遗产：好几处领地、数千顷良田和几千个农奴，一下子成了全区最富有的地主。

童年的遭遇和青年时期寄人篱下的坚忍，彻底扭曲了她的性格，在她获得自由后，她性格上的扭曲就全部暴露了出来，甚至还比以前变本加厉了。

在瓦尔瓦拉的叔叔去世后不久，屠格涅夫的父亲奉军令去瓦尔瓦拉继承的斯巴斯科耶庄园购买军马，正是由于这样一个机缘，两个人才得以相识。屠格涅夫父亲的英俊外表赢得了他母亲瓦尔瓦拉的好感，但他的父亲对他的母亲并没有什么感觉，因为她实在是其貌不扬，还是个比他大六岁的老姑娘。

然而，他父亲最终还是向他母亲求婚了，当然，不是出于自愿，而是在他祖父的逼迫下。他的祖父对他的父亲说："看在上帝的份上，快去向瓦尔瓦拉求婚吧，否则用不了多久咱们就得靠讨饭度日了！"

对于父亲的求婚，他的母亲爽快地答应了，并于1816年2月在奥廖尔举行了隆重的婚礼，婚后他们搬到了位于鲍里索格列勃街的房子里。也正是在这所房子里，他们生下了伊凡·谢尔盖耶维奇·屠格涅夫，这个令全世界都敬仰的大作家。

伊凡·谢尔盖耶维奇·屠格涅夫生于1818年10月23日，是父亲的次子，他还有一个大他两岁的哥哥尼古拉。

在小屠格涅夫4岁的时候，父母带着他到欧洲进行了一次长途旅行，旅行之后，他们回到了斯巴斯科耶庄园，过起了奢侈而懒散的贵族生活。

他的母亲很富有，有数千个农奴，单是在斯巴斯科耶庄园负责照料他们一家人生活的农奴就有四五十个。尽管如此，小屠格涅夫仍感到很孤独，因为他的父亲总是在尽量躲避他，而他的母亲对他的关爱又是那样的阴晴不定，时而关怀有加，时而无故责骂甚至暴打。

对于父亲，屠格涅夫曾这样描述过："他对家庭生活一点都不感兴趣，他总喜欢将精力放在其他的事情上，并从那些事情中得到满足。"他的父亲喜欢打猎、打牌和喝酒，还喜欢向周围的少女献殷勤，唯独不喜欢过问家事，庄园上的大小事务都是由他的母亲瓦尔瓦拉一手操办的。

他的父亲过着恣意享乐的生活，从不愿意承担家庭责任，包括疼爱自己的儿子。在屠格涅夫的印象里，父亲只要踏进庄园的大门就会变得非常严厉，面无表情，孤僻地躲避着每一个人，即使与家人相处，他也总是保持着他惯有的绅士风度，彬彬有礼却又冷冰冰的。

对于小屠格涅夫的依恋，他仿佛心怀恐惧，每当对他流露出一点父爱时，他又会慌忙不迭地将他推开。长大后的屠格涅夫写过一本小说，名叫《初恋》，他称那是一部带有自传性质的小说，里面的人物是他及他的家人的影子。

在《初恋》中，有一段描写一个儿子对自己父亲感受的片段，这段描写正是他的父亲留给他的印象："父亲仿佛有一种能够左右我的古怪能量，而且，我们俩的关系也非常的古怪。他几乎从未过问过我的教育，但也决不做让我伤心的事，他很尊重我和我的选择。换句话说，他甚至对我是非常客气的，但总是在避免我接近他。"

父亲在屠格涅夫的心里，总是那么的可敬而又不可亲近，可母亲留给他的印象则更坏，几乎让他想起都会心生恐惧。

由于父亲不问世事，只关心自己的享乐，所以与家庭有关的事务都是由母亲瓦尔瓦拉做主的，包括对孩子的教育和培养问题。然而，他母亲童年时的遭遇和青年时期的孤独，使她的性格扭曲变形，加上婚后丈夫在外拈花惹草所带给她的屈辱，让她的脾气变得更加阴晴不定和暴戾难以控制。拥有如此的性格，当她抚养和教育孩子时，会给孩子带来怎样的灾难就可想而知了。

她有时候会对屠格涅夫他们关怀备至，甚至温柔体贴得像一个慈母。但好事总是少见，偶尔的关怀并不会妨碍她虐待自己的孩子，她常常将自己童年和青年时期的不幸，以及丈夫的不忠，迁怒于自己的三个孩子，会为一些芝麻大小的小事或鸡毛蒜皮的琐事狠狠地惩罚他们。

屠格涅夫在与友人交谈的时候曾说过："我的童年没有什么值得回忆的，没有留下什么愉快的痕迹。我极其害怕我敬爱的母亲，就像人类怕火一样。任何一件不起眼的小事都可能为我招致灾难，让我受到惩罚。一句话，她总是像对待新兵一样地对待我。在我的记忆中，我好像没有一天不挨打，而当我寻问母亲为何事来打我时，她就会冷冰冰地丢给我一句：'你应该比我清楚，好好反省吧。'"

如此缺乏温暖的家庭对屠格涅夫的心灵伤害之大是无法想象和弥补的，使得他甚至患上了家庭恐惧症，迟迟不肯结婚。冰冷的家庭给了他一个冰冷的童年，甚至当他回忆起自己的童年时，印象中的一切都是冰冷的，就连那唯一可以为他带来快乐的小树林也总处在阴霾之中。因为自己是在缺少父爱与母爱的家庭中长大的，所以成年后的屠格涅夫在有了自己的孩子后，总是对她宠爱有加，将浓浓的父爱全部无私地倾注到她的身上。

2. 忧郁的孩子与诗歌

用喜怒无常、任性残暴这两个词来描述屠格涅夫的母亲瓦尔瓦拉·彼得罗芙娜一点都不过分，扭曲的人格吞噬了她的理性，让她变得非常可怕。她常常将自己无法掌控自己命运的痛楚发泄到他人身上，并从折磨他人中得到欢乐。她曾将一个拥有绘画天分的农奴培养成优秀的画家，然后又将他拴在自己身边，使得他空有才华而不得施展，最后郁郁而终。她还曾将一个犯了一点小错的家奴流放到荒无人烟的西伯利亚去，生生地将一个完整的家庭给拆散了。

"我对自己的奴隶拥有生杀大权，而且不必对任何人负责"，"我想杀谁就杀谁，想赦谁就赦谁"——类似的话瓦尔瓦拉·彼得罗芙娜整天挂在嘴边，几乎成了口头禅。

瓦尔瓦拉·彼得罗芙娜强烈的控制欲与残忍的性情不仅表现在对待自己的家奴身上，就连自己的亲生儿子，她也不曾手软。她规定他们的学习和游戏时间，刻板地依计划行事，要求所有人与她保持同步。她经常责骂甚至打屠格涅夫他们，还自我美化为教育。每当回忆起自己的童年，成年后的屠格涅夫仍不免心惊胆战，他曾忧伤地对自己的好友说："在我生长的那个环境里，拧人、扇耳光、拳头揍等等，就像家常便饭那样平常。"

屠格涅夫的整个童年都笼罩在母亲暴虐性情的阴影里，家的温暖对他来说是那样的可望而不可即。于是，他从小就爱亲近自然，从自然中寻找平等与和谐，而母亲庄园里的那个密林丛生的大花园就是他的乐园。

他喜欢将自己隐藏在这个偌大的花园中。花园的一角有个小池塘，是整个斯巴斯科耶庄园中最隐蔽之处，那里草木繁茂，人烟罕至，却是屠格涅夫的天堂。小池塘中有许多鱼——鲫鱼、鲤鱼、草鱼，甚至还有当时罕见的白鱼。完成了母亲安排的所有事务后，屠格涅夫就会悄悄地带上些面包、熟麦子到小池塘去喂鱼。他喜欢看鱼儿自由自在地游荡和欢快地进食的情景。

花园里还有一片茂密的树林，树林里长着各种各样的树、草和花。有高大威武的橡树、阔叶树、松树，笔直的杨树、栗子树、枫树以及菩提树等。树下还生长着铃兰、草莓、褐色的蘑菇和开蓝花的菊苣等。

"这些树木，这些碧绿的叶子，这些茂盛的草丛，将我们完全遮住，跟外面的世界隔绝，没有人知道我们在什么地方，我们在做什么事情。然而，我们是与诗待在一起的，我们充满了诗意，陶醉在诗意里。"这是老年时的屠格涅夫在回忆起斯巴斯科耶庄园时唯一能想到的美好片段，那时他的一个家奴常带他到密林中读诗给他听。

斯巴斯科耶庄园有许多房间，而且有些房间已被闲置许久。紧挨儿童游戏室的一个房间就已经被锁起来好长一段时间了，透过木窗可以清晰地看到里面摆放着许多带玻璃门的黑橱柜。橱柜中横七竖八地摆放着许多深褐色封皮的古书，由于长时间没人翻阅和管理，那些书都被灰尘覆盖得看不清书名了，有些还被虫、鼠咬坏了边角。

母亲一向对屠格涅夫管得很严，不允许他到处乱跑。然而，神秘的藏书室一直吸引着他，让他非进去探个究竟不可。差不多在他8岁的时候，他把自己想要进藏书室的想法告诉了一个经常带他去树林中给他读诗的家奴谢列勃里亚科夫，谢列勃里亚科夫虽然不赞成小主人的这个冒险想法，但为了不伤他的心，他仍决定加入到他的"盗窃"行动中。

他们约好了当天夜里的十二点到藏书室门口集合。那天夜里，他们撬开了藏书室的门，谢列勃里亚科夫将屠格涅夫扛在自己的肩膀上，让他从橱柜中寻找自己喜欢的书。屠格涅夫平生第一次见到那么多书，每一本他都想拿走，但他知道这不可能，于是，他挑了两本最厚、最大的，费力地从高高的架子上取下。他把其中的一本给了谢列勃里亚科夫让他带回自己的房间，另一本则藏到了楼梯下面的一个洞里。

藏好书后，重新躺到床上的屠格涅夫久久无法入眠，他很想知道自己这次"盗宝"行动盗到的究竟是个什么宝贝，是不是足以让他惊奇万分的稀奇书籍。第二天一早，他就跑到楼梯下取出了那本书，书的名字是《象征与符号》，书中抽象的理论陈述让年幼的屠格涅夫有些失望，而他给谢列勃里亚科夫的那本书是赫拉斯科夫的《罗西亚达》，相比之下要有趣得多。

尽管没有偷到让自己欣喜不已的书，但屠格涅夫并没有因此不高兴，因为他的家奴谢列勃里亚科夫对他来说就是一本活的奇书。谢列勃里亚科夫是屠格涅夫家一个热爱诗歌的家奴，他非常喜欢小屠格涅夫，只要他有空，就会用胳膊夹着一本厚厚的诗歌集悄悄地去找屠格涅夫。为了不被别人发现，他每次去找屠格涅夫都不敢声张，总是用他那弯曲的长指头偷偷地向屠格涅夫比画着只有他俩才能明白的手势，并通过脑袋、眉毛、肩膀或者身体的其他部位，向屠格涅夫传达着接头的地点。

当两人在约定好的秘密地点集合后，他们就会并排坐下，谢列勃里亚科夫将腋下夹着的那本大书放在膝盖上慢慢摊开。由于书本被尘封了好久，书中总是散发着一股刺鼻的霉味，但这并不影响他们阅读的兴致，相反，从这本厚厚的大书中，他们嗅到了永世不会忘的诗的芬芳。

在屠格涅夫的眼里，他从未把谢列勃里亚科夫当作自己的奴隶，而是把他当作自己的同伴、好友以及良师。正是谢列勃里亚科夫这样一位热爱诗歌的农奴，将屠格涅夫领进了文学的大门，让他在压抑的环境中能够找到心灵的寄托。也正是他，让屠格涅夫接近农奴，接近大自然，接近高尚的艺术，从而培养了他美好的心性和追求文学艺术的理想。在屠格涅夫的成长中，他扮演了一个重要的角色。

对于他，屠格涅夫也一直没有忘记，甚至将他化名为普宁，写进了自己的小说《普宁和巴布林》。

童年时期的屠格涅夫，除了与谢列勃里亚科夫这样一位秘密的诗友走得比较近外，还经常与庄园里的守林人、猎人来往。他从小就喜欢拿石头打树上的鸟和飞过头顶的鸟，庄园里的守林人和猎人发现了他的这一爱好，就悄悄地教他用猎枪，向他讲述鸟类的生活习性，还悄悄地带他到森林和沼泽里打猎。

打猎不仅让屠格涅夫活跃的天性得到了释放，也让他有机会接近普通百姓，目睹他们的真实生活，这对他以后的文艺生涯产生了巨大的、不容忽视的影响。他的成名小说《猎人笔记》就是在此基础上创作出来的。

3. 母亲的影子

"我的全部传记都在我的作品中。"这是暮年时期的屠格涅夫曾经说过的一句话。当时,他的朋友建议他写自传,但他没有那么做,因为他觉得他的小说就是他生活的影子,读者只要从他的小说中找到某些恒定的元素,就可以看到他的生活。

对于屠格涅夫小说中的恒定元素,我们有两点是非常肯定的:一是他的小说中的恋情多以悲剧结尾;二是他的小说中常常会有一个脾气古怪、性情暴躁的老太太。

前者映射的是屠格涅夫自己的情感经历。屠格涅夫一生中虽谈过数场恋爱,但最终却未曾走入婚姻的殿堂,而他唯一的孩子也不过是他的非婚生女。他的初恋因父亲的插足而破灭,他与女儿母亲的恋爱因瓦尔瓦拉的干涉而不得不终止,他挚爱一生的波琳娜是个有夫之妇也没能与他共结连理,后来的那几场恋爱也都无疾而终。总之,他情路坎坷,一生都在守护爱情,却未能为自己的爱情找到最终的归宿。他将自己情感上的悲剧带进自己的小说,就出现了小说中悲剧的恋爱情结。

对于小说中经常出现的脾气古怪的老太太,她的原型毫无疑问,就是屠格涅夫的母亲。

屠格涅夫的母亲是个脾气古怪、性情暴烈的女地主,她像暴君一样统治着她周围的一切。母亲的这些特点曾经给屠格涅夫带来巨大的痛苦，他痛恨她对农奴的残忍，也讨厌她的乖戾。成年后的屠格涅夫一直躲避她，试图用距离和时间来消磨掉母亲在自己脑海中的令人惧怕和厌恶的形象。然而，无论他逃离得有多远，母亲始终都存在于他的生活中，甚至利用经济手段操控着他的生活，因此，在他的小说中总会有母亲的影子。

作为一家之主，屠格涅夫的母亲瓦尔瓦拉掌管着奥廖尔、图拉和库尔斯克三处田庄的数千亩土地以及数千个农奴。她在她的领土上恣意地使用着她的生杀惩处大权，操控着每个人的命运，也仿佛只有这样她才能活下去。

每天早晨，瓦尔瓦拉都会在固定的时间到"领主办事处"，去听取她的秘书、主管和总管的汇报，通过他们来掌控她所有的资产，并让那些资产有效地运作起来。一旦她发现田庄有混乱的迹象，就会对他们大发雷霆。因此，每天汇报工作的时间对她的秘书和主管们来说，往往是一天中最紧张、最煎熬的时间。

每天，秘书、主管和总管都要在瓦尔瓦拉到达之前到办事处静候她，当她进入办事处时，他们就会像面见君王一样将身子挺得笔直，然后向她鞠九十度的躬。而她则一句话不说，走到办公桌后面的安乐椅旁坐下，拿起桌上的琥珀念珠，闭上眼睛并慢慢转动手中的念珠，同时，对她的秘书打个手势，命令他开始汇报工作。

在听取汇报的过程中，如果她听到了她不愿意听到的消息，就会飞快、用力地拨动手中的琥珀念珠，发出咯吱咯吱的摩擦声。参加汇报的人马上就会高度紧张起来，感觉瓦尔瓦拉所拨动的不是琥珀念珠，而是他们的心脏，念珠摩擦所发出的吱吱声也仿佛是自己的心脏在被她蹂躏得哀号。"大难临头了！"他们心里都非常明白接下来将会是怎样一番狂风暴雨的袭击。

对于母亲的这一习惯，屠格涅夫如实地写进了自己的小说，而小说的名字就叫《领主办事处》。

屠格涅夫在他的中篇小说《木木》中塑造了一个神经质的老地主婆，她常常冲自己的仆人发火，就连小狗木木也无法躲过她的淫威。这位神经质的老太婆每当遇到不开心的事，就会迁怒于所有人，并怀疑一切，甚至无中生有地编织下人的罪状。

对她的神经质，小说中有这样一段文字描写："太太的心情一整天都不佳，她不理会任何人，也不去打牌，到了晚上更感到到处不合心意。她觉得当晚仆人给她用的花露水并不是她平常用的那种，而且她觉得自己枕头上有严重的肥皂味，于是半夜三更把负责清洗衣物的女仆叫来，让她闻遍她所有的床单、被罩和衣物，并恐吓要辞掉她——总之，她心里烦得很，而且气急败坏。"

老地主婆的这种神经质的性格，在屠格涅夫的生活中也能找到原型，那就是他那过分讲究又苛刻的母亲。

每次他的母亲去各处视察田庄的工作，都会带上一整支车队。他母亲自己乘坐一辆轿式马车，她的医生乘坐一辆带篷马车，她的洗衣女工与清洁女工合乘一辆带篷马车，她的厨子则会带着各种炊具乘坐另外一辆带篷马车。

屠格涅夫的叔父尼·尼·屠格涅夫曾是瓦尔瓦拉的主管之一，对于她的行程他十分了解，他曾向朋友描述过她出行的情景：当她去其他田庄和莫斯科时，除了带那几辆带篷马车外，还会派管家乘坐一辆装着各式衣服和餐具的带篷马车，走在她的前面，提前为她打点好行程中的一切，比如，在供途中就餐或住宿用的房间里事先铺上干净的床单,并在地上铺好地毯,支起旅行用的桌子。无论什么季节,她都要求服侍她的婢女穿绣花短袖连衣裙。"

母亲的这些癖好经过屠格涅夫的稍微改动,就成了《木木》中那个神经质的老地主婆的性格特点。除此之外,他还有感于母亲的霸道,在长篇小说《贵族之家》中塑造了傲慢的格拉菲拉·彼得罗芙娜这一形象。霸道的格拉菲拉一度将弟弟的田庄占为己有,掌管田庄里的一切事务,这与屠格涅夫的母亲独揽家里和庄园上的一切大权,并操控他们的生活非常相像。

母亲在屠格涅夫的心里留下了太深的印记,以至于他在有意无意中就会将她写进自己的小说,让自己小说里的人物带有她的影子。

有这样一位乖戾的母亲,对屠格涅夫来说是非常不幸的,她戕害了他的童年,摧残了他的少年,让他对婚姻失去憧憬而终身未娶。同时,对他来说又是幸运的,因为她为他的小说提供了生动丰富的素材。

第二章　腼腆的少年

> 你哭了，为我的痛苦；而我也哭了，为感谢你的怜悯。但须知你也是在为自己的痛苦而哭泣，只不过是在我的身上看到它的。
>
> ——屠格涅夫

1. 初恋的感觉

斯巴斯科耶庄园给屠格涅夫留下的并不是很快乐的童年，除了诗歌和打猎，他找不到任何与庄园有关的美好记忆。在他的脑海中，庄园上空的天总是阴沉的，庄园里的一切都笼罩在他母亲的阴影里。从自己母亲身上，幼小的屠格涅夫就看清了农奴制的黑暗和农奴主的残忍，所以他主动亲近农奴，从诗歌和打猎中寻找人生的欢乐，进而将自己从农奴主的生活中分离出来。

幸运的是，令人窒息的农奴主生活并没有持续太久，大约在屠格涅夫10岁的时候，他的父母为了让他们兄弟三人受到更正规的教育，就举家搬迁到了莫斯科。在莫斯科，他的父母租了一套别墅，一家人开始了新的、更接近城市文明的生活。

与屠格涅夫父母所租的别墅相隔一片篱笆的地方，还有几间非常简陋的偏房，从他们搬到别墅起，就没看见过几间偏房里住过人。1833年夏天的某一天，屠格涅夫突然看到偏方的一扇窗户打开了，还露出一张中年妇女的脸。因为觉得很惊奇，他们终于有邻居了，就兴奋地跑去向父母报告了这件事。母亲听后也很惊奇，就打发仆人去打听新来邻居的背景。

仆人不一会儿就带回了消息,说新邻居是一位公爵夫人,她带着自己的女儿刚搬进偏房没几天。屠格涅夫的母亲一听说自己的邻居是位公爵夫人,脸上立刻流露出敬意,"原来是公爵夫人和小姐啊!"她自言自语地说了一句,停留没几秒,她又接着说:"那她一定是位没有钱的公爵夫人,要不然谁会去住那几间破房子啊!"脸上的敬意立马消失得没了踪迹。说完话她不经意地看了丈夫一眼,恰好看到自己的丈夫正用厌恶的眼神看着自己,她立刻意识到自己刚才失态了,就闭上嘴巴不敢再说一句有关公爵夫人的话了。

屠格涅夫的父亲与其母亲恰恰相反,他在听仆人汇报邻居情况时一言未发,面无表情地坐着,仿佛什么也没听见。他只关心自己生活得快不快乐,对于除此之外的事情,他才没工夫去管呢。

屠格涅夫在斯巴斯科耶庄园时养成了一个傍晚出去打乌鸦的习惯,这个习惯在他搬到莫斯科后也没改变。一天下午,他扛着自己的猎枪准备去打猎,在走到篱笆边上时,他不经意地朝新邻居家的方向看了一眼。正是这无意间的一瞥,打开了他那多情的感情世界,也正是由于这不经意的一瞥,让他陷入了甜蜜的痛苦中,久久无法找回平静。

直至暮年,屠格涅夫对当时看到的一幕都记忆犹新。当时,屠格涅夫看到的情形是这样的:在夕阳照射下的绿草地上,四个年轻的小伙子正围着一个身材纤细高挑的姑娘开心地笑着,一位小伙挡住了屠格涅夫的视线,使得他无法看清姑娘的面容。接着,四个小伙子并排站定,单膝跪地,屠格涅夫这才看清那个姑娘的脸。只见她一对灰色的大眼睛里闪着俏皮的目光,一口整齐的小牙在红唇的映射下显得更加洁白可爱。

四个单膝跪下的少年仰着头，像在等待上天的恩赐一样。姑娘白嫩的手指中捏着一朵像小口袋的花，轻轻地轮流在他们的额头上敲击，她的动作非常轻盈，但又非常具有挑逗性。15岁的屠格涅夫从未见过如此美丽的姑娘，更没见过如此亲昵的男女，这让他惊奇得差点叫出声，扛着的猎枪早已从肩上滑落。他多么希望自己是那四个年轻人中的一员啊，让姑娘的纤纤玉指也从自己额头划过。

"嗨，年轻人，这样盯着一个年轻姑娘看是不是有失绅士风度啊！"在屠格涅夫不远处，一个剪着短发的年轻人斜倚着篱笆，冲屠格涅夫喊道。他话音刚落，那个敲打几个年轻人额头的姑娘也抬起头朝他望来，脸上的笑容更灿烂了，还俏皮地挑了一下自己的眉毛。姑娘的眼光让本已沉醉不知归路的屠格涅夫更加六神无主了，他抓起掉在脚边的猎枪，飞快地朝家奔去。他感到如果自己再在姑娘的目光下待一秒钟，他的心脏就会冲破他的胸膛跳出来了。

在他朝家奔跑的时候，他已无法辨别他们的言语，只听见身后一串响亮的笑声。

屠格涅夫连猎枪都没放下就奔回了自己的房间，然后将猎枪一扔，双手捧着脸倒在了床上。他能清晰地感到自己的心脏在快速猛烈地跳动，脸颊滚烫得都有些灼手，在他刚刚15年的人生历程中，他从未感到那么难为情过，仿佛自己是个小偷，在偷东西时刚好被主人抓个正着，但心里又有一种说不出的快乐。

在母亲派人叫他吃晚饭时，他从床上跳下来，不知怎的竟单脚着地在地上转了三个圈。晚饭中，他一直在情不自禁地笑，而且吃得非常少，他父亲觉得他的行为有些反常，就问他："你这是怎么了？"他非常想像往常一样，将令自己高兴的事一股脑儿都说给父亲听，但这次却不知怎的，他只是笑笑，什么也没说。

晚饭过后他立刻又回到了自己的房间，躺在床上一遍遍地回忆着那姑娘的一举一动，每当回忆到她看自己的眼神和她那俏皮的眉毛时，他都会情不自禁地笑一下。

第二天早上，他醒后的第一反应就是："我要怎样才能与她认识呢？"他很希望再见到她，吃过早餐就跑到昨天见到她的地方，但碧绿的草地上并没有姑娘的身影。就在他出去的时候，他的母亲收到了一封信，写信的人正是他们的新邻居扎谢基纳公爵夫人。信中，她向他母亲求援，让她帮自己解决"期票"纠纷，并允许自己到她家里拜访。

低劣的稿纸加上潦草的字迹以及错误百出的语法，让屠格涅夫的母亲很不悦，她对这位穷公爵夫人仅存的那点敬意也被赶走了，但为了不失身份，她仍决定邀请她来家做客。当她正愁着如何给那位公爵夫人回信时，屠格涅夫低着头无精打采地进来了，于是她就叫住他，让他口头带信给公爵夫人，邀请他下午来做客。原本无精打采的屠格涅夫听到母亲的吩咐，立马变得精神焕发，飞快跑进自己的房间，找出最漂亮的礼服换上，还特意在头发上抹了香油。

侧房原本就很破旧，公爵夫人的到来更让它们显得不堪入目，因为她带来的为数不多的几件家具，不是旧的早已过时的，就是已经损坏勉强都很难用的。当屠格涅夫走进邻居家时，公爵夫人正斜躺在一把少了一个把的躺椅上，身上穿着早已过时的、严重褪色的晚服。

在听下人汇报完屠格涅夫的身份后，她从躺椅上缓缓地坐起来，向他挥了一下手说："年轻人，不必拘谨，在我这里不需遵守什么礼节。"

屠格涅夫将自己母亲的话转告给了她，她听了非常高兴，并表示一定按时赴约。

就在屠格涅夫向公爵夫人传话时，他昨天见到的那位姑娘突然出现在客厅的门栏上，上身斜倚门框，美丽的脸庞上挂着坏坏的笑。

"那是我的女儿齐娜伊达，齐娜伊达过来认识一下……"

当她母亲准备向她介绍屠格涅夫时，她打断说："我已经认识他了，先生你还有事吗？"

屠格涅夫怯怯地说："没了，没什么事了，小姐。"

"没事就留下帮我缠绒线吧，过来，到我房里来。"她伸出白嫩的手招呼屠格涅夫。

屠格涅夫感觉她身上仿佛有股很强的磁力，吸引着他向她走去。进入她的房间，她拿出一团绒线交给他，让他帮自己撑开，屠格涅夫顺从地照做，只是有好几次绒线都差点从他的手腕上掉下来。

"昨天看到我您对我有什么看法？是不是在心里骂我不正经？"缠绒线的时候，齐娜伊达对屠格涅夫说的第一句话竟是这样的。

"不，不，我怎么会……我……小姐，没有那回事！"屠格涅夫连忙表明自己的态度，但因为过度紧张，他实在无法组合出精彩的词汇，套在他一只手腕上的绒线也掉了下来。

"那你喜欢我吗？"齐娜伊达边将绒线套回屠格涅夫的手腕边

问他，她的眼神直视着他。

"我……"原本就不敢直视她的屠格涅夫，被她这么一问变得更紧张了，他深深地将头低下，脸涨得通红。

"抬起头来，我不介意别人直视我的，我想听真话，你喜欢我吗？"齐娜伊达再三追问。

"喜……喜欢，非常喜欢！"屠格涅夫终于鼓起勇气说出了自己的心里话。

"那就好，我觉得我们会成为好朋友的。"齐娜伊达将眉毛向上一挑，露出十分俏皮的表情。

说出埋在心里的话后，屠格涅夫觉得舒服多了，脸也不那么烫了。他开始只是趁齐娜伊达低头缠绒线的时候才敢偷窥她一眼，但自刚才他说出他喜欢她后，他就变得大胆多了，即使她看着自己时，他也敢直视她了。

"少爷，太太让我叫您回去。"完全沉浸在对齐娜伊达的爱慕中的屠格涅夫突然听到自家仆人的声音。

"叫我回去，难道我在这里待很久了吗？"他反问那位仆人。

"太太已经等急了，她已经等了您两个小时了。"仆人回答说。

"已经两个小时了，时间怎么会过得那么快？"他在心里埋怨着，但仍乖乖地起身向齐娜伊达道别，并说晚上见。

晚上，公爵夫人按时带着女儿齐娜伊达到了屠格涅夫的家。刚见到屠格涅夫的母亲，她就一把鼻涕一把眼泪地向她哭诉自己的艰难处境，请求她资助自己，一点贵族的颜面都没给自己留。与她相反，她的女儿齐娜伊达今晚则是贵族范儿十足，举手投足间都表现得优雅高贵。屠格涅夫很惊奇地发现了她的又一个侧面，但他也很失望，因为自始至终她都没正眼看过自己一眼，就如同不认识自己一样。

晚餐上来，公爵夫人大口地嚼着各种美味，她每道菜都吃了很多，仿佛好久没吃过东西了。齐娜伊达则很少吃东西，而且话很少，除了回答屠格涅夫父母的几个问题外，她一句多余的话都没有讲。

因为齐娜伊达的冷落，屠格涅夫整晚的心情都很低沉。就在他们一家人送公爵母女离开时，齐娜伊达突然侧身对他说："明天晚上到我家来吧，一定要来！"听到这话，屠格涅夫如同一个死囚听到特赦令一样，整个人兴奋得差点飘起来。

第二天，天色还没彻底黑下来，他就穿上自己的礼服到齐娜伊达家去了。在齐娜伊达的房间里，他见到了之前在草坪上见到的那几个年轻人。齐娜伊达为他们做了介绍，并告诉他们："这是我们的新伙伴，你们谁都不许欺负他。"通过齐娜伊达的介绍，他知道了曾经在篱笆边嘲弄他的那个人叫鲁欣，是一名医生。

屠格涅夫原本很期待的两人之约居然是这样的，尽管如此，他仍然非常高兴，因为她让他加入自己的游戏中，并向对待其他人那样，轻轻敲打他的额头，甚至还允许他亲吻她的手。他们玩了许久，在齐娜伊达宣布游戏结束的时候，他仍沉浸在游戏中，恋恋不舍，不忍离去。

第二天，他实在掩饰不住自己的兴奋，就跑去父亲那里，向他详细描述了昨天晚上他度过的美好时光。他父亲起初好像很好奇，但很快就恢复了他以往的平静。

一整天，屠格涅夫都沉浸在兴奋中，傍晚的时候，当他期待着齐娜伊达派人来叫他过去的时候，却惊奇地发现他父亲身着骑装，手持马鞭，沿着篱笆朝齐娜伊达家方向走去。年少的屠格涅夫对此并没有多想，仍沉浸在自己的小甜蜜中。

2. 被父亲夺走的初恋

在随后的一个月中，屠格涅夫在齐娜伊达家度过了好几个愉快的夜晚，虽然仍是那几个人，仍是玩那几个游戏，但每个人好像都乐此不疲。齐娜伊达就如同高高在上的女神，他们每个人都心甘情愿地拜倒在她的石榴裙下。

恋爱中的男女总会变得很自私，屠格涅夫真心地爱上了齐娜伊达，而且是一心一意地爱，而齐娜伊达却如一只美丽的花蝴蝶，喜欢游弋在很多男人之间，她故意玩弄他们，有时候极力吸引他们，有时候却又对他们非常冷漠。尽管屠格涅夫内心对她的这一点非常不满，但总是忍耐着，因为他不想因此而失去她。

日子就这么一天一天地重复着，固定的那几个人，固定的那几个游戏，一切仿佛都未曾改变过。但敏感的屠格涅夫觉得齐娜伊达正在慢慢地发生变化，她虽然依然在笑，依然在与他们玩各种游戏，但却隐隐地表现出忧伤的情绪，而且这种忧伤的情绪在变得越来越严重，甚至有时候他们都到齐了，她却说自己身体不舒服，坐在躺椅上不愿意起来。屠格涅夫还发现她脸上的神采也在慢慢褪去，而愁容却一天天在增加。

年轻的屠格涅夫想破脑子也没想出到底是什么事情致使她发生如此的变化。他记得有一天，她突然对自己说："只有令我臣服的人才配得到我的爱，上天，但愿我没遇到这样的人！"屠格涅夫觉得她说这话时怪怪的，但他并不愿意继续往下想，因为他是那样地珍视与她单独相处的时光。

一天，当屋子里只有屠格涅夫和鲁欣医生时，医生走到屠格涅夫的身边小声对他说："年轻人，你这样年轻的年纪正是好好读书的时候，回家好好读书吧，对于我这样一个老光棍来说一切都无所谓了，而你还年轻！看清这是一个什么样的家庭，一对怎样的母女吧。"

屠格涅夫对他的教导很不服气，认为他是在侮辱自己不学无术，就没有理他，继续享受在齐娜伊达家聚会的快乐。

没过几天，同样的情景又发生了，鲁欣医生对他说："想知道齐娜伊达为什么会变得那么忧伤吗？明天深夜在篱笆那待着你就会知道的。"说完诡异地笑了一下。

他的话让年轻的屠格涅夫非常困惑，他像是已经猜出了什么，又像是仍在猜测，总之他第二天一直沉浸在那两句话中。当傍晚的最后一缕阳光消失在西方的地平线上时，屠格涅夫的心却突然敞亮了，"他是说齐娜伊达有了别的男人，他是想让我去抓住那个男人！"原本无精打采地躺在躺椅上看夕阳的屠格涅夫立刻跳了起来，快步走入自己的房间。

他烦躁地在自己房间里转了几圈，突然看到书桌上的一把裁纸刀，便抓起它，拿到马棚磨起来。他要把它磨得锋利无比，然后用它结果了那个夺走他心爱的齐娜伊达的男人。

天终于黑了下来,屠格涅夫迫不及待地带着那把锋利的裁纸刀,穿上黑外套,快步朝篱笆边走去。篱笆边有棵茂盛的老松树,它的枝叶一直垂到地上,是个绝佳的掩护场所,屠格涅夫就钻到了松树下,准备在那守株待兔,然后手刃自己的情敌。

屠格涅夫在松树下等了好久,也没发现可疑的身影,掏出怀表一看都快深夜两点了,他的冲动劲已被消磨掉了许多,于是就打算回家。正当他准备从松树枝下爬出来时,他看到一个男人提着盏微弱的小马灯从自己家方向走过来,这吓了他一大跳,立刻又缩了进去,本能地将裁纸刀拿出,做好搏斗的准备。灯光越近,他的心就揪得越紧。

咣当一声,当他看清走过来的那个人时,裁纸刀从他手中滑落了下来。那个人听到声音也警觉了起来,提着小马灯四处照了一下,但没发现可疑的踪迹,就又继续走自己的路了。不一会儿,屠格涅夫发现齐娜伊达房间的灯亮了,尽管为了阻挡灯光,她已经将厚厚的窗帘拉上了,但在漆黑的夜晚里,她的灯光仍然很惹眼。

屠格涅夫缓缓地从松树下爬出来,连掉在地上的裁纸刀都没捡就回了家。回到家后,他直奔自己房间,一头栽倒在床上,一声没吭却早已泪流满面。

他看到的那个人不是别人,正是他亲爱的父亲。他万万没想到自己的情敌竟然是自己敬重的父亲。父亲确实是男人的楷模,严厉、稳重,有种连他都无法抗拒的魅力。"他就是令齐娜伊达臣服的人!"他在心里一遍遍地重复着。他想杀了自己的情敌,但他怎能忍心杀死自己的父亲呢。

屠格涅夫感到自己的心脏在流血，一股股地大出血，痛得他根本无法入眠。

第二天一大早，他就起来了，洗漱完毕后木然地坐在客厅里。他想第一个看到他父亲，他想亲眼见见他得意的表情。但他错了，当他父亲从卧室出来时，脸上所带的仍是他一贯的表情，他甚至以他一贯的语调问屠格涅夫今天怎么起得那么早。屠格涅夫并不记得自己是怎么回答的，他只知道自己简单吃过早餐后就又进了自己的房间，倒头便睡了。

下午的时候，睡梦中的屠格涅夫被父母的吵架声吵醒了，他听见自己父母都在大声地指责对方，像两只准备决斗的野兽。这吓坏了他，虽然他知道父母感情不好，经常会因一些事情闹得不愉快，但没有哪次像这次这样严重。他悄悄地来到楼下，发现父母房间的门紧闭着，仆人都聚在客厅里不敢吭声。

"管家，出了什么事？"他走到管家身边悄声问他。

"老爷和太太在吵架，吵得很凶，好像是为了邻居家小姐的事。"管家如实回答说。

屠格涅夫立刻明白一定是母亲知道了父亲与齐娜伊达的事，在责备父亲的不忠。

正当屠格涅夫不知如何去劝阻父母时，他父母房间的门突然开了，父亲脸色铁青地疾步走出来，母亲却号啕大哭起来。通过打开的门缝，屠格涅夫看见满地的杂物和破碎的花瓶。他很同情母亲，尽管以往在父母发生争执时他都会站在父亲一方，谴责母亲的坏脾气，但这次他真的非常同情他的母亲，因为他已品尝过被心爱的人背叛的痛苦滋味。

如何去安慰母亲呢？屠格涅夫不知道，他只知道当时他自己的心也很痛，需要静静地将养，于是就掉头默默地回了自己的房间。

第二天早上，他的母亲就命令仆人收拾所有的东西，准备搬到莫斯科城里去。在收拾东西的同时，她还派人到公爵夫人家辞行。屠格涅夫知道在他回房间后父亲一定又回去跟母亲谈过，否则早上母亲不会心情平静地吩咐仆人准备搬家，还特意派人去向自己的敌人辞行的。她的脾气虽然很坏，但从不做伤害自己丈夫的事，她是那样地爱他，甚至愿意委屈自己来帮他遮盖丑事。

屠格涅夫虽然非常伤心，痛恨齐娜伊达玩弄自己的感情和扰乱自己家的生活，但他还是忍不住去向她辞行，因为他觉得可能他这辈子都不会再见到她了。

当屠格涅夫在偏房见到齐娜伊达时，她面色苍白，头发蓬乱。她将他拉到自己的房间，泪水涟涟、可怜兮兮地对他说："我知道您现在一定恨死我了，打心眼儿里鄙视我，但我要告诉您我真的不是您想象的那种肮脏的女人。"

"不要这么说，齐娜伊达，无论怎样我都是爱你的，而且我会一直爱着你，直到上帝将我的灵与肉分离开，但我现在不得不离开你了，多半会是永别。"屠格涅夫如实地对齐娜伊达说。

听到屠格涅夫的话，齐娜伊达先是一惊，接着抱住屠格涅夫的头，动情地吻着他脸上的每一个部位。据屠格涅夫后来回忆，在他几经波折的一生中，再也没有第二个女人像她那样热烈地吻过他。"再见了，永别了！"他一遍遍地重复着。在吻过一遍屠格涅夫的脸后，齐娜伊达双手捂着自己的脸哭着冲出了房间。屠格涅夫看着她离开的背影，心中的恨全消失了，留下的只有痛，眼睛也被泪水模糊了。

3. 枯燥的大学生活

回到城里后不久，屠格涅夫的父亲便因结石病病倒了，为了得到更专业的治疗，他的父母决定到法国去。出国之前，他们把屠格涅夫兄弟三人送进了莫斯科的一所寄宿制学校。

1833年8月4日，还不到16岁的屠格涅夫就申请了莫斯科大学的招生考试，投考的方向是语文组。在投考之前，屠格涅夫曾认真地看过莫斯科大学往年的考试用书，所以对于考试他并不是很恐惧。但不幸的是，在考试的前不久，莫斯科大学突然公布了新的考试制度，规定报考语文组的考生必须会希腊语，虽然希腊语是学生入学后的必修科目，但当局却仍要求入学前学生就应该掌握这门语言，而在以前的考试政策中，希腊语并不是一门必考科目。

除此之外，当局还下令要求学校考查学生的神学、俄罗斯文学、拉丁语和德语或法语的相关知识，并明确规定若其中任一门科目成绩不及格就不允许继续参加接下来的一系列考试。莫斯科大学对读书的年轻人来说就是一方圣土，是每个人日夜向往的地方，但每年都只有非常少数的人可以如愿，因为它的考试条件非常苛刻，考试内容非常难。而当局的以上政令无疑又加高了莫斯科大学的门槛，让报考变得更加艰难。

尽管考试政策发生了很大的变化，但屠格涅夫仍顺利地通过了各门考试，成功地进入了他梦寐以求的莫斯科大学。在他心里，也是在所有俄罗斯人的心里，莫斯科大学就是知识的天堂，是家族荣誉的象征。

俄罗斯著名作家伊·亚·冈察洛夫比屠格涅夫进入莫斯科大学的时间早两年，他曾描述过莫斯科大学在当时人们心目中的地位："半个世纪以前，所有年轻人都把大学看作是圣地，经常憧憬迈进大学大门的情景……在莫斯科，莫斯科大学不仅是我们学生心目中的圣地，以身在其中而自豪，而且对我们的家庭，甚至于整个社会来说，它都是圣地。"

在莫斯科大学漫长的校史上，上世纪30年代初有着一段非常辉煌、值得铭记的历史。在这段时期，莫斯科大学录取和培养出了一大批后来在俄罗斯文学史上成就斐然的大文豪，如赫尔岑、奥加廖夫、别林斯基、斯坦凯维奇、莱蒙托夫、冈察洛夫、屠格涅夫等等，这些人类文学史上优秀的人才为莫斯科大学的声誉又增添了浓墨重彩的一笔。

屠格涅夫过关斩将，一口气考过了莫斯科大学的所有入学考试，如愿进入了莫斯科大学，但进入大学后的生活却让他非常失望，他觉得莫斯科大学里的大多数教授的教学水平都有损他们大学的名誉。那些教授中有的食古不化，思想守旧，有的只会照本宣科，枯燥地复读备课本上的文字，更有甚者，某些教授还有反动思想，鼓动自己的学生参加反政府运动。

屠格涅夫觉得莫斯科大学的教授并没能称职地完成自己教书育人的使命，但整个大学的活跃氛围却教给了他们受用一生的知识——唤醒自己的思想。正是莫斯科大学给学生提供的自由氛围培养了他们独立思考的能力和追求真理的毅力。

尽管屠格涅夫非常欣赏莫斯科大学的自由氛围，但他并没有一直待在学校里耐心地完成自己的学业，而是只完成了自己一年的学业就转学到彼得堡大学去了，因为他的哥哥那时正在彼得堡的禁卫军中服兵役。在他那体弱多病的弟弟夭折后，他的父母非常希望他们哥俩离得近一些，并能够相互照顾，好好活着。

在莫斯科大学就读的一年中，屠格涅夫修过的课程主要有：俄罗斯文学，世界通史，物理，拉丁语，法语。但屠格涅夫对它们并没有产生浓厚的兴趣，相反，他的注意力渐渐集中到了哲学上，并对这门学科产生了长期而浓厚的兴趣。屠格涅夫当时之所以会对哲学那么感兴趣，主要是受他的教授米·格·巴甫洛夫的影响，是他唤醒了他对哲学的喜爱之情。

除了巴甫洛夫的哲学课外，他对其他科目的课程评价都不高，觉得俄罗斯文学课被达维多夫讲得空洞乏味，只是一堆华而不实的辞藻的堆砌，几乎不带任何感情与感染力。在他的课上，同学们总是稍不留神就睡着了。讲授通史课的波戈金教授则用词单调，整节课都在用一个语调读他的讲义。其他几门课程的老师讲课水平也好不到哪去，都未能引起他的兴趣。

尽管屠格涅夫很不喜欢教授们的讲课风格，但他并没有因此而放弃各门学科，恰恰相反，他的每门学科都学得非常好，并在大学一年级升二年级的考试中，以三十六分的总成绩顺利通过升学考试，成为三十名同学中有幸升入二年级的六名同学之一。

升学考试后不久，屠格涅夫就跟随父母去了彼得堡，并向彼得堡大学提交了转入申请，他希望可以进入大学的哲学系语文组。

屠格涅夫随家人搬到彼得堡后没多久，就经历了一件令人悲痛的事情：他的父亲因突患中风不治而亡。当时他的母亲正在意大利，他的哥哥正在军营，守在父亲身边的只有他一个人。"死亡"这个词对他来说太凝重了，他好久都没能从它的阴影中走出来。

在他父亲中风去世前不久，屠格涅夫创作了诗剧《斯捷诺》。《斯捷诺》是屠格涅夫的诗歌处女作，作品的艺术水平并不高，且带有很明显的模仿痕迹。后来，屠格涅夫也曾对自己的处女作自嘲了一番，认为它是一部"荒诞不经的作品"。尽管《斯捷诺》的创作并不是很成功，但却开启了屠格涅夫的创作历程，标志着屠格涅夫文学生涯的开始。

屠格涅夫在转入彼得堡大学之前，一直很期待彼得堡大学的教授能够将课讲得比莫斯科大学的教授们讲得更生动些，但转入后不久，他就发现自己对他们的期望太高了，各门课程的教授依然在枯燥乏味地宣读他们的讲义。课堂激不起他学习的兴趣，他只能在课余时间多读书，丰富和充实自己的大学生活。

4. 与大诗人普希金的邂逅

在彼得堡大学学习的那段时间，屠格涅夫接触最多的教授是彼·阿·普列特涅夫教授。普列特涅夫教授的学识并不算彼得堡大学最渊博的，但他非常热爱自己所讲授的俄罗斯文学，他对文学的鉴赏力敏锐而纯正。他说话非常简洁明了，但非常富有热情。他善于用自己的热情去感染他的听众，让他们对自己所讲的内容产生浓厚的兴趣。

除了感染力，普列特涅夫教授还有一点非常吸引屠格涅夫，那就是他的交际圈。普列特涅夫教授有许多在文学界叱咤风云的朋友，如普希金、茹科夫斯基、巴拉廷斯基和果戈理等，普希金还曾将自己的《奥涅金》献给他。为此，屠格涅夫一度非常仰慕他，艳羡他的交际圈。

在彼得堡大学负责教屠格涅夫他们古代史和中世纪史的教授是尼·瓦·果戈理。当时，屠格涅夫早已知道他们的教授就是《狄康卡近乡夜话》的作者，但讲台上的果戈理实在很难让他接受这样一个事实。他觉得果戈理是个非常出色的作家，但在当老师方面，却很蹩脚。

与其他同学一样，屠格涅夫对果戈理的课并不感兴趣，常常在他讲课的时候想别的事情，但他对他本人却有很深的印象，对他在期末考试时的神情更是记得一清二楚。

他清楚地记得在期末考试的时候，果戈理头上包着一块黑丝巾，面无表情地坐在主考席上，哭丧着脸，像是害了牙痛病一样。他坐在那一个问题也没有考问屠格涅夫他们，而是让舒尔金教授代他对学生做考查。

想必果戈理也意识到屠格涅夫他们并不喜欢他的课,所以在教了他们一年后,就辞掉了彼得堡大学教授的职务。尽管果戈理的教授生涯很失败,但这并没有削弱他在屠格涅夫他们心中的地位,他们公正地尊称他为时代的导师,认为他是同时代中最早觉醒的人之一。

果戈理辞职后,接替他的是青年教授米·谢·库托尔加,他是个学识渊博的人,精于世界通史的研究。尽管新老师的课讲得非常出色,但屠格涅夫对这门课还是不怎么感兴趣。期末考试时,他的世界通史这门课考得也很不理想,连及格水平都没达到。正因为这一门课的成绩不及格,1836年,在屠格涅夫从彼得堡大学哲学系毕业时,与另外十位同学一样,只拿到了学位证,而没能拿到大学毕业证。

在屠格涅夫的同学中,有五位同学不仅拿到了学位证和毕业证,还拿到了候补博士学位,这让屠格涅夫心里非常难受,但他并没有因此而自暴自弃,而是暗下决心,不拿到候补博士学位绝不罢休,于是他请求校长同意他的补考申请。在申请被批准后,屠格涅夫花了一个冬天的时间去重新听了一遍最后一个年级的课程,并顺利通过了考试。1836年冬,彼得堡大学授予了他候补博士学位。

大学期间,屠格涅夫开始从事文学创作。当《国民教育部》杂志上出现他的一篇评论文章时,他还不满18岁。自那篇评论文章发表后许久,他都没再写过评论类的文章,因为他的注意力转移到了诗歌上,与作家相比,他更喜欢成为诗人。

屠格涅夫曾鼓足勇气将自己的诗剧处女作《斯捷诺》交给普列

特涅夫教授，希望得到他的修改意见。教授认真阅读了他的作品，但觉得作品的水平实在无法恭维，整部作品都笼罩在"虚、大、假"的氛围中，缺乏真实感人的成分，而且大部分诗句并不合韵律。教授将他的这部诗剧作为范例，向屠格涅夫他们详细讲授了诗剧的创作方法。

由于教授在课堂上没有向同学们公布《斯捷诺》的作者，所以屠格涅夫的同学并不知道教授批评的诗剧是谁的作品。教授的这一举动保护了屠格涅夫脆弱、幼小的心灵，让他对他充满感激和亲近感。当天下课后，屠格涅夫在街上碰到了教授，就主动过去向他打招呼。对于他的诗剧，教授又重申了一下它的缺点，并鼓励他尽快改正。尽管教授对屠格涅夫的诗剧持否定态度，但他仍觉得屠格涅夫有些创作天分，于是在分手的时候对他说："你还是有点小才能的"。

教授的这句话给了屠格涅夫莫大的鼓舞，不久后，他又将自己的几首诗呈送给普列特涅夫教授。教授认为他的那几首诗写得还可以，尤其以《傍晚》和《献给美第奇家族收藏的维纳斯》这两首最为出色。

普列特涅夫教授的评价让初出茅庐的屠格涅夫很受鼓舞，于是他就经常将自己的诗作呈送给他，请他批评指正。但不久后，一次去教授家送诗稿的经历却让他自责万分，痛恨自己为何磨磨唧唧地在家待了那么久才出门，以至于错过了一次千载难逢的与大诗人普希金相识的机会。

当时，由于一些原因，屠格涅夫没能按照与教授约定的时间将自己的诗稿送过去，而是稍晚了一会儿。当他到达教授家时，在教授家的前厅里，他看见一个中等身材的男人正在向教授告别，而且已经穿好了自己的大衣，戴上了帽子。"是啊！是啊！我们的大臣们真是太好啦！实在没的说！"只听他朗声对教授说，声音非常洪亮。

由于几乎是擦肩而过，所以屠格涅夫根本没来得及端详对方的面容，只记得对方有口洁白的牙齿和一双精明、灵敏的眼睛。屠格涅夫在这之前从没见过普希金，但对他却是非常崇拜的，喜欢诗歌的人又有几个不崇拜普希金呢？所以当普希金与他擦肩而过时，他并没有意识到自己失去了一次重要的、与自己的崇拜对象相识的机会。而当他事后得知真相时，感到后悔不已，以至于久久无法原谅自己。

令屠格涅夫感到欣慰的是，没过多久命运又给了他一次认识普希金的机会，这次他把握住了，并认认真真地端详了他的偶像，记住了他的音容笑貌。屠格涅夫清楚地记得，他再次见到普希金是在恩格利加尔特大厅的音乐早会上，当时屠格涅夫并不知道普希金正处在人生的最痛苦、最艰难的时期，他只记得见到他时他正交叉着胳膊靠在大厅的门口，神情凝重。

屠格涅夫这次有机会仔细端详自己的偶像了，他记下了他的特点：微黑的脸上长着一张嘴唇略厚的嘴，微露的牙齿大而白，留着连鬓胡，淡淡的眉毛下一双乌黑的眼睛里满含怒意。普希金仿佛感觉到了屠格涅夫在注视他，因为他急速地瞥了屠格涅夫一眼，带点厌恶地耸了耸肩走到了其他角落。

此次相遇后没几天，屠格涅夫又见到了普希金。与上次不同的是，普希金这次是躺在棺材里的。音乐早会后不久，普希金就与自己的情敌进行了一场决斗，并不幸地在决斗中中弹身亡。当屠格涅夫看到静静地躺在棺材里的普希金时，他情不自禁地吟出了一首短诗：

他躺在那里，一动不动。

疲惫的前额，异常的平静。

第三章 出国留学

> 生活中没有理想的人是可怜虫。
>
> ——屠格涅夫

1. 母亲的眷恋

出国留学一直是屠格涅夫的梦想，他渴望到外面去呼吸新鲜的空气，接受更先进的文明，但他的母亲瓦尔瓦拉·彼得罗芙娜却不愿意让他离开自己。

"你要知道，"她近似哀求地对屠格涅夫说，"你不在我身边我会遭遇不幸的。"

瓦尔瓦拉·彼德罗芙娜曾一直把她最小的儿子看作是上帝赐予她的十字架，正是他牺牲了他的一切才保佑了她的健康。她觉得她的小儿子来到这个世上仿佛就是为了受苦，因为他一生下来就双腿残废，还患有数种当时医学无法根治的病，在他短短的16岁的一生中，他时时刻刻都在忍受着这些病痛的折磨。当他死去时，她撕心裂肺地痛哭了一场，但也舒心了许多，因为她再也不必看着自己的孩子受罪了。

小儿子死后，瓦尔瓦拉·彼得罗芙娜就将全部的希望寄托到了屠格涅夫和他的哥哥身上。虽然她也很喜爱自己的长子尼古拉，以他为荣，但她总觉得尼古拉的身上缺少屠格涅夫所特有的敦厚和善良。正是因为屠格涅夫具有这样令她喜爱的特点，她才会偶尔收起自己古怪固执的脾气，对他的请求做出让步，而这一点在她丈夫去世后是其他任何人也无法让她做到的。

瓦尔瓦拉的养女曾经回忆说:"有他在时,她的脾气就会收敛许多,常常展现出她少有的慈祥的一面。正因为如此,他的出现总能为大家带来轻松、活跃的氛围。但他很少回家,所以大家都会像期盼幸福一样期盼他的归来。他在家时,我们的母亲不仅不会给任何人捏造任何罪名,甚至对那些犯了错的人也会网开一面。她这么做的目的就是为了让儿子能多冲她笑一笑。"

"我所有的一切都只能寄托在你们哥俩身上。"瓦尔瓦拉·彼得罗芙娜曾给屠格涅夫写信说,"我没有可以依靠的兄弟姐妹,没有疼爱我的母亲和姑姑。我孤苦一个人,既没有什么亲人,也没有任何朋友,我只有你们俩,你和你的哥哥。你们两个都是我的亲生儿子,我都很疼爱,但爱的程度是不一样的。与你的哥哥相比,我更爱你,可以这么说,假如有人用力捏我的手,我会感到疼,但假如有人用力踩我左脚上的鸡眼,我会疼得受不了。"

她曾经希望上帝可以给她一个女儿,但不幸的是,她接连生了三个儿子。对此,她一直非常遗憾,但屠格涅夫的温顺和善良多少让她得到了些安慰,因此她常常戏称他为自己的女儿,对他特别的依赖。

屠格涅夫的年纪越大,瓦尔瓦拉·彼得罗芙娜就越疼爱他,因此也就越关心他的健康和生活,甚至变得有点患得患失。

1837年夏天,屠格涅夫从学校回到斯巴斯科耶庄园消暑。有一次,他参加竞马比赛,不小心从赛马上摔了下来,摔断了胳膊。这件事在瓦尔瓦拉·彼得罗芙娜的心里留下了阴影。自那以后,如果她过一段时间没收到儿子的音讯,就会不由自主地焦虑恐慌起来。

她的脑海里就会浮现出种种悲惨的情形：她的宝贝儿子又从马上跌下来了，不是摔断了腿就是摔折了胳膊，甚至生命垂危，或遇到其他不幸已离开人世了。对于她的这种极度悲观的心理，谁也无法帮她排解开。

只要她一产生这样的悲观心理，她就会茶饭不思，寝食难安，不仅如此，她还会折磨她身边的人，让他们也无法安宁。唯一能治疗她这种怪病的药方就是屠格涅夫的来信。只要她一接到他的来信，不管信里写些什么，她都会如获良药一样，立刻变得精神焕发，愉快地向身边的人宣读儿子的来信。

瓦尔瓦拉·彼得罗芙娜非常不愿意让自己的儿子出国留学，认为那无疑是在放走自己唯一的依靠。但屠格涅夫的每封来信里都会提到出国的事，这让她感到非常为难。尽管她打心眼儿里不乐意，但最后仍不得不做出让步，因为她觉得她不能因为自己的原因毁了儿子的前途，他是那样的聪明，他的俄语知识已经相当的渊博了，再待在俄国就是浪费时间，况且她的儿子励志要取得哲学硕士学位，这在她周围的上流社会中还没有人做到呢。

于是，她写信给屠格涅夫，告诉他自己已经答应他去柏林大学读书的请求。在信中，她这样写道："你和你哥哥都非常聪明、善良，而且尊敬我，但是，你们却都长成了奇怪人，这没有批评你们的意思。不管你们变成什么样，我都会一如既往地爱你们，觉得你们是世界上最可爱的。但是，想进入上流社会就必须先学会上流社会所特有的风度。你哥哥是个军人，这对他来说不算难事，可你呢，亲爱的，你啊！唉，我希望你完美无缺！"

屠格涅夫对母亲的那套上流社会的什么风度问题从不考虑，也不认同，他告诉母亲自己必须出国，是因为他不满足于在国内所学到的那点知识，他想要更高地提高自己。其实，这只不过是用来说服母亲瓦尔瓦拉同意自己出国的幌子，在屠格涅夫的心底，藏着一个真正的原因，一个他无法告诉母亲的原因，那就是他仇恨俄国的地主专制制度，他讨厌地主们的残忍和虚伪，他再也无法与他们共同生活在一片蓝天下了，而且这种不共戴天的感觉随着他的成长也在增长，逼着他赶快离开。

30年后，当俄国的农奴制渐渐瓦解时，屠格涅夫才公然说出了他当年执意去德国的原因，他说："那种生活，那种环境，尤其是其中的某一个区域——我所从属于的地主农奴区，简直没有任何东西是让我心存留恋的。恰恰相反，我所看到的一切都在我心里激起了深深的不安和愤恨，让我感到无比厌恶。我不能再像以前那样犹豫不决了，要么屈服，循规蹈矩地像周围的人一样继续走下去，要么与之一刀两断，抛下一切，哪怕是我曾经珍视过的东西。最后，我选择了抛却，因为除此之外我的心不允许我选其他的路，因为我无法如行尸走肉般地活着。"

虽然屠格涅夫自上大学后就基本上不在母亲的身边，但也从没离得太远。这次出国留学，对屠格涅夫和他的母亲瓦尔瓦拉来说都是一次新的挑战。瓦尔瓦拉在儿子临行前曾千叮咛万嘱咐，要他在国外一定不可以学坏，持身处世都要谨慎。类似的话她总是不厌其烦地在屠格涅夫的耳边重复，生怕自己少说一遍儿子就会忘记。

她还告诫屠格涅夫一定不要赌钱，不要乱花钱。为了让屠格涅夫知道赌钱的严重性，她还引用了屠格涅夫保姆的话，她说："你一定不要养成欠债的习惯，要时刻牢记保姆瓦西里耶芙娜的那句话：'债务就像毒疮，一旦一个冒出头，用不了多久就会布满你全身。'在那儿不要跟妓女有染，记住我的话，一旦发现你欠债，我就会登报声明，告诉所有人我是不会替你还债的，你们的田地可不是你们父亲留下的。"

5月15日，屠格涅夫终于盼到了启程的日子，他得先乘坐小油轮"伊若拉"号到喀琅施塔得，然后再登上"尼古拉一世"号战列舰才能出国。

临走那天，瓦尔瓦拉·彼得罗芙娜带着全家人去了彼得堡码头，在那里与屠格涅夫道别。由于前不久，她做了一次大的手术，当时还不能自由走动，所以在送别儿子时，她并没有下马车。

为了永远记住送别时的场景，瓦尔瓦拉·彼得罗芙娜让她的一个农奴画家画下了当时的情景，并在回到斯巴斯科耶庄园后，立马动笔给屠格涅夫写了一封信。

在信中她描述了那张画上的情景："在我面前的画架上，在彼得堡堤岸美丽的风光中，"伊若拉"号油轮正鸣笛起航。堤岸上停着许多架马车，送行的人正挥动着手绢或帽子。阳台上，很多人拿着长柄望远镜观望。轮船的烟筒已浓烟滚滚，当油轮响起第三遍笛声时，你的母亲大叫了一声，跌倒在了马车里的小窗户旁，她双膝跪地，表情哀痛。轮船转过码头，像长大的小鸟一样迫不及待地飞走了。堤岸上，马车夫纷纷赶起马。远行的人儿不一会儿就消失了，飞走了，留下一片空寂！"

2. 一次死里逃生的旅程

即使顺风顺水，船也要航行数天才能到达柏林。按航程安排，"尼古拉一世"号在第四天应该到达吕贝克。船上有250名乘客和28辆马车。一些有钱人为了在德国、法国等国家自由旅行就带了自家的马车一同前往。

为了消磨无聊的航行时间，屠格涅夫邀请一位有钱的地主下起了象棋。屠格涅夫自小就喜欢下象棋，在理论方面也钻研得很透彻，所以他的棋艺相当出色。不一会儿，屠格涅夫发现对手的棋艺也是十分了得的。棋逢对手，必然要全力以赴，一决胜负不可，于是一场持久的象棋大战拉开帷幕，他们努力拼杀的情景不一会儿就吸引来了大批的观众。曾经在一旁观战的一位诗人事后对屠格涅夫说："你们下棋时的表情非常严肃，好像是在做一件事关生死的事情一样。"

当油轮途经波恩荷尔姆岛时，船上的许多乘客都跑到了甲板上，为的是欣赏岛上被海浪冲击成各种各样形状的花岗岩。

见到波恩荷尔姆岛就意味着离特拉弗明德不远了。数天的航行已使所有的乘客都疲惫不堪。到第四天的下午，屠格涅夫感到已没兴趣继续玩象棋了，就溜达着去了统舱。在那里，许多赌徒正围着一张大圆桌狂赌，其中包括几位在彼得堡非常有名的赌徒。在临行前，瓦尔瓦拉·彼得罗芙娜曾一再告诫他不要跟赌博沾上边，所以当他看到赌博的情景时就没有走过去,而是站在不远的地方观看。

当屠格涅夫斜倚着船舱木然地看着赌桌上的人时,赌桌上的一个男人向他挥了挥手,邀他过去赌一把。屠格涅夫出于礼貌就过去对那个人说他不能参与赌博,这是他临行前答应他母亲的。19岁正是天真的年纪,年轻的屠格涅夫以为那个男人会理解自己的苦衷而放过自己,但接下来发生的事情却让他非常难堪。那个男人夸张地哈哈大笑,对赌桌周围的人说:"快看啊,好可爱的人儿啊,他从未赌过博,连纸牌都没摸过,真是母亲的乖宝宝!"

连屠格涅夫自己都不清楚是怎么了,十分钟前还在坚守着对母亲的承诺的他怎么已经坐在了赌桌前,手里握着一把纸牌,毫无理智地赌了起来。

令屠格涅夫难以置信的是,那天他的运气出奇的好,从未碰过纸牌的他居然可以连赢数盘,每一盘结束他都可以从其他人那里赢得大堆的金币和纸币,每当他从别人面前划过钱时,他都会激动得满脸通红,双手发颤。他发财了,发大财了,这是他那时最真切的感受,感觉钱像流水一样向他涌过来。

就在屠格涅夫忙着收钱的时候,统舱的舱门突然大开,一位太太气喘吁吁地闯了进去,才喊出一声:"着火了!"便昏死过去。赌徒们顾不得收拾满桌的金币,纷纷推开椅子向出口奔去。

赭褐色的火光到处都是,桅墙已变成火墙,浓烟呛得人咳嗽不止。求生的欲望从人的本能中释放出来,虚伪的绅士、淑女风范早已被大火赶下了深海,人们惊慌失措地到处奔跑哭号。惊恐地到处求救的人中当然也包括19岁的屠格涅夫。他被大火吓得六神无主,狠命地抓住一名水手的胳膊,央求他搭救自己,并承诺如果他肯救自己，自己一定会让母亲瓦尔瓦拉给他一万卢布作为酬谢的。

后来，屠格涅夫回忆火灾的情景时说："我央求一名水手救我，并承诺给他一万卢布，那水手显然不相信我的话，就挣开我的手迅速离开了。见他离开我并没有继续央求，因为我清楚地知道我承诺的一万卢布只不过是张空头支票而已，半分诚意都没有。"

一些乘客，尤其是爱嚼舌头的维亚泽姆斯基公爵发现，在火灾面前，19岁的屠格涅夫害怕得有些过分了。事后，公爵回到俄国就对认识的人描述屠格涅夫当时的样子，还说他听见屠格涅夫到处对人说："救救我吧，我是我母亲唯一的孩子。我这样年轻，什么事都还没来得及做呢！"

谣言一旦散布开来就会一发不可收拾，没过多久，这件事就成了无聊地贵族们茶余饭后逗乐的话题，他们相互描述着自己想象中当时的情景，并且添油加醋大肆渲染屠格涅夫恐惧的样子。

瓦尔瓦拉·彼得罗芙娜向来以自己的儿子小屠格涅夫为荣，经常在那些贵族太太们面前夸赞他。那些太太们早就忍受够了瓦尔瓦拉那狂妄自大的脾性，一听到有关她儿子的丑闻，就幸灾乐祸地聚在一起嚼舌头，还故意添油加醋地把这件事传达给她。骄傲的瓦尔瓦拉听后气得差点吐血，她写信责骂屠格涅夫说"为什么轮船上有那么多人在哀号，大家独独关注你呢？谣言已经传播得人尽皆知了，许多人都跑到我这里来看我的笑话。"

瓦尔瓦拉·彼得罗芙娜总是那么自私，她经常对人宣扬自己是一位多么尽职尽责的母亲，又是如何地疼爱自己的儿子，但一旦触及她那骄傲的自尊心，所有的爱与慈祥就都消失得无影无踪了。对于刚经历过灾难的孩子，她非但没有关心他受惊吓的心灵有没有恢复，反而一直在责备他让自己丢脸了。瓦尔瓦拉的这一举动也深深地伤害了屠格涅夫的心，让他更不愿意回到她身边。

3. 自叹"井底之蛙"

深陷火海中的人们终因救援船只的及时赶来而获救，大多数人都平安地脱离了火海，只有为数不多的几个人不幸葬身火海。

脱险后的屠格涅夫并没有马上去柏林，而是去了美丽的莱茵河畔，因为离正式开学还有十几天的时间，他想利用这段时间好好疗养一下自己那颗受惊的心脏。

1838年9月底，屠格涅夫去了柏林，并开始在柏林大学学习。除了上课，他有大量的课余时间。在这些闲暇的时间，他常常会去看戏、去听音乐，或者探望自己的同胞。

在柏林大学，屠格涅夫看到了许多他在俄国不曾见过的情景。柏林大学教室里的桌椅总是不够用的，因为除了在校的大学生外，还有许多具有求知热情的军官和官吏，他们为了让自己赶上时代的脚步，常常来旁听大学教授的课。最让屠格涅夫感到惊奇的是，教室里常常会出现女人的身影，她们与所有的男学生一样，在课堂上认真地听着、记录着，而这在俄国是绝对不允许的。

柏林大学有许多享誉全世界的学者，其中就包括里特、兰克、萨文尼、魏代尔。身在柏林大学，有机会聆听这些知名学者的课程，对屠格涅夫的发展产生了深远的影响，也激励着他不断进取。

屠格涅夫在柏林大学主攻的是哲学、古代语和历史，但在魏代尔教授的指导下，他还精心地研究过黑格尔的学说。教授们的博学多才让屠格涅夫深感自己学识的浅薄，在听课时常常感到非常吃力，需要在课下继续进修才可以，而他在国内大学中已经算是一名出类拔萃的学生了。

柏林大学的教授比莫斯科大学和彼得堡大学的教授们都善于讲课，或者都有着更高的素质，这是屠格涅夫对他们的整体评价。他觉得他们连最枯燥的课程都可以讲得非常引人入胜。比如讲授比较自然地理学的里特教授，他被学生们公认为柏林大学里口才最好的教授。他将自然地理学讲得非常生动有趣，并不是简单地罗列各个国家和山川河流。

讲授逻辑学、形而上学和哲学史的教授是魏代尔，他是一名令所有学生都爱戴的青年教师。只要一提到他的名字，学生们就会变得精神振奋，讲出一堆赞扬他的话。他虽然已经是个30岁的人了，但却单纯、坦率得似个孩子，总是毫不吝啬地对所有人投以信任。魏代尔教授不仅把自己的学生当作学生，还把他们当作自己的朋友，对他们推诚置腹。

学生们只要有疑问都会去找他，不管是一大早，还是深夜，他们都会去。因为他们知道，教授总是那么认真负责，把为学生解决疑问看作是自己职责的一部分，从不会感到厌烦。

魏代尔教授特别喜欢来自俄国的学生，总是能与他们建立起纯洁、友好的关系。他是格拉诺夫斯基、斯坦凯维奇、屠格涅夫、巴枯宁共同的朋友。在与他们交往一段时间后，他就深信俄罗斯的未来将一片光明。因为他发现这些来自俄国的留学生都有一些共同的特点，那就是强烈的求知欲和大无畏的牺牲精神。他们那高尚的人格和强大的决心令他敬畏，让他心甘情愿地去帮助他们实现理想。

在他认识的俄国留学生中，他尤其喜爱斯坦凯维奇，因为他发现在这位羸弱的、被肺结核病折磨得不成样子的年轻人身上有一股超强的能量，让他可以超越病痛和死亡，每天都精神矍铄、意气风发。

魏代尔非常同情和热爱他的这位学生，总是尽他所能为他排忧解难，甚至为他访医问药。魏代尔的这种善良行为不仅让斯坦凯维奇非常感动，也深深地打动了他身边的朋友，他们纷纷写信告诉自己的亲朋好友他们在德国结识了一位多么善良可爱的人。1838年，在得知了魏代尔的善行后，斯坦凯维奇的挚友别林斯基就曾写信给他说："他是位多么可爱的人啊！他对你的关怀又是多么的意义重大啊！如今，魏代尔这个名字对我来说已不再是空洞的概念，而是鲜活的人了，多么善良的、多么圣洁的人啊！"

当时的魏代尔并不知道自己的善行有多么巨大的意义，但后来的事情证明他的善行是多么的被人感激，因为对十九世纪30至40年代的俄国年轻人来说，斯坦凯维奇就是他们的思想领袖，引领着他们摒弃旧的传统、创造新的社会。

4. 结交斯坦凯维奇

在屠格涅夫还在莫斯科读书时，斯坦凯维奇小组就已经很有名气了，但他那时并没有机会加入他们，因为那个时候的他太年轻，思想还不成熟。斯坦凯维奇小组的大部分组员都比屠格涅夫大5到7岁，他们对他这样一个毛头小子也不会感兴趣的。随着年纪的增长，屠格涅夫虽然无法打破他与他们年龄上的差距，但他的思想已经达到了能够与他们交流的水平。他的加入给小组带来了更多的活跃气氛和蓬勃生机，受到斯坦凯维奇小组成员的一致欢迎。

屠格涅夫与格拉诺夫斯基在出国以前曾是非常要好的朋友，但两年后，当他们在柏林重逢时，他们却变得生分了许多，而且屠格涅夫觉得格拉诺夫斯基与自己待在一起很拘谨，基本没有什么话想对自己说。不久后屠格涅夫就找出了使他们疏远了的主要原因：格拉诺夫斯基来到柏林后结交到了志趣相投的新朋友。他的这些新朋友就是斯坦凯维奇小组中的成员，尤其是与斯坦凯维奇，他们可以说是莫逆之交，互相非常敬仰。

当时，屠格涅夫对斯坦凯维奇并不了解，只知道在30年代他曾在莫斯科杂志上刊登过几首小诗。屠格涅夫并不是很欣赏他的那几首诗，所以，当他在柏林听到斯坦凯维奇这个名字时，并不是很震惊。甚至在格拉诺夫斯基向他提起斯坦凯维奇时，他竟不假思索地带着嘲讽的口气问他："你说的斯坦凯维奇是那个写打油诗的诗人吗?"

世事难料,当时的屠格涅夫怎么也没有想到他口中的"打油诗人"会在他的一生中产生那么大的影响。

屠格涅夫与尼古拉·斯坦凯维奇相识是由格拉诺夫斯基介绍的。格拉诺夫斯基不满于屠格涅夫对斯坦凯维奇的评价,认为他之所以发出轻薄之语是因为他根本就不了解斯坦凯维奇,而作为朋友,他觉得他有义务打破屠格涅夫的这种自视清高和愚昧。于是,他带着屠格涅夫去见了斯坦凯维奇。

刚一见面,屠格涅夫就被斯坦凯维奇的形象震慑住了,他发现他是那样的羸弱,又是那样的神采奕奕,精神抖擞,在他那副瘦弱的躯体里时刻都迸发着足以吸引到所有人的魅力。在深入的了解后,他甚至对他产生了一种敬畏之情。

斯坦凯维奇为人向来低调,从不居高自傲,更不会诽谤任何人,这种人得到人的尊敬是很正常的事情,但为何屠格涅夫在非常敬爱他的同时,又对他感到畏惧呢?

越是谦卑的人他的灵魂越是高洁,也就越容易让人昂视。斯坦凯维奇可以说是"谦卑"这个词的最好诠释,他低调谦虚的为人,他强大的精神力量以及他那比水晶还要纯洁的心,都让他高于周围的人,让每一个与他相识的人都发自内心地仰视他。他强大的力量也很有感染力,能够感染到每一个愿意与他相识的人,让他们向着更诚恳、更善良、更纯洁的方向发展。活动在他周围的人也会自觉地向他靠近,以让自己配得上他给予的信赖与好感。

尽管他学识渊博,见解深刻,但他从不自尊自大,恰恰相反,他总是平等地对待身边的每一个人,并对所有的事情报以强烈的兴趣。他天性乐观幽默，如在朋友身上发现了什么古怪的东西，他就会情不自禁地大笑出来，并引得周围的人不由自主地也跟着笑起来，但他的笑一点都没有恶意，只是发自内心地对生活抱以孩子般的童趣而已。

斯坦凯维奇在俄罗斯人中并不算高大，但他那瘦得很匀称的身体伴随着得体的动作，总是透着一种天生的优雅。他那清秀的脸庞常常变换各种表情，而那深褐色的眼睛却总是放射着和蔼客气的光芒。他一直受着肺结核病的折磨，但他很少向自己的朋友谈起自己的身体状况，偶尔被问及，他都会以幽默的口吻说自己健康得就像一头刚出生的小牛。

屠格涅夫在第一次见到斯坦凯维奇后就被他折服了，对自己以前的嘲笑深感愧疚。但斯坦凯维奇起初对他并没有什么好感，因为他在他身上发现了许多年轻人都有的通病：肤浅、骄傲自大。屠格涅夫也感到了斯坦凯维奇在有意疏远自己，但这并没有损害他对他的敬意，因为他知道自己的鄙俗之处，在没彻底摒弃它们之前，他是不会希冀那么纯洁无瑕、高尚正直的人接纳自己的。也正是因为斯坦凯维奇的疏远，让屠格涅夫下决心完善自我，追求高洁。

自认识了斯坦凯维奇后，屠格涅夫就主动地与他和他的小组接近，从他们身上汲取人生的养分。他经常与斯坦凯维奇、格拉诺夫斯基和涅维罗夫他们一起去弗罗洛夫家参加聚会。弗罗洛夫家非常具有人气，在侨居柏林不到一年的情况下，就结交到了许多本地的名流，一些演员、学者以及旅行家都喜欢到他们家举办的沙龙来，因为这家的女主人叶丽扎维塔·巴甫洛芙娜·弗罗洛娃非常的幽默高雅。

在弗罗洛夫家的沙龙上，年轻的屠格涅夫经常扮演的角色是个沉默的听众，因为在场的每一个人所说的事情都让他惊奇万分。他总是喜欢躲在一个角落，认真观察在场的每一个人，欣赏他们的精彩演说。

除了弗罗洛夫家的沙龙，屠格涅夫在课余时间还会去听音乐会，去看戏剧。来到柏林后，他才发现自己对艺术有着多么强烈的感觉。因此，他经常游弋于各大剧院之间，听格鲁克、莫扎特和贝里尼的歌剧，贝多芬的交响乐和四重奏，看莎士比亚、席勒的戏剧。伟大的艺术不断陶冶他的情操，削弱着他那因年少而带有的轻狂。

5. 疯狂的母亲

屠格涅夫在柏林度过的日子充实而自在，每天都呼吸着自由的空气，每天都有不同的收获，身边的朋友又都是那样的优秀。数十年之后，当已满头白发的屠格涅夫回忆起这段时期的生活时，都会不由自主地感慨万分，称那是自己一生中最自由自在、最幸福快乐的时光。

时光匆匆，尤其是在欢乐的氛围中，它流逝得更是快，眨眼间，圣诞节到了。在柏林，屠格涅夫度过了一个愉快的圣诞节，并在异国见到了祖国的许多事物，比如在雪地上飞驰的雪橇等等。当时，俄国的一切事物对柏林人，乃至整个西欧来说，都是相当受欢迎的。圣诞节的晚上，他们喜欢穿上皮袄，搭起雪橇，在广场上驰骋。

尽管屠格涅夫觉得他们的行为很幼稚，因为他们根本不会驾驶雪橇，拙劣的技术引人发笑，但他仍感到非常欣慰，毕竟他们让他这个身在异国的人感受到了祖国的气息。

20岁，对于大多数年轻人来说，应该会尽量向成熟稳重一派靠近，20岁的屠格涅夫也一直在努力装得成熟些，但仍保留着一些幼稚的癖好。他的朋友格拉诺夫斯基回忆他们在柏林的生活时，曾向熟人爆料了一些屠格涅夫当时爱玩的幼稚游戏。他说在他去探望屠格涅夫时，发现他经常玩两个游戏，一个是与他的仆人波尔菲利玩打纸糊的士兵的游戏，他们每人用纸做一个小人，把它当作对方的部队，然后像一个将军一样对着天花板发一通号令，接着左右出拳，将纸人打烂；还有一个是戏弄他的小猫。他用绳子将一个纸团绑在小猫的尾巴上，然后在一旁观看小猫跳上跳下拼命抓纸团的样子，并乐得前仰后合。

格拉诺夫斯基觉得这两个游戏都很幼稚，但屠格涅夫却非常喜欢，经常玩，却不觉得厌烦。

当然，上面的例子并不能证明在柏林的屠格涅夫耽于游戏而不学无术，相反，他学习非常认真，这些小游戏不过是他在认真研究哲学、语言学和历史之后，感到疲劳的时候用来解乏的。

瓦尔瓦拉·彼得罗芙娜在送走屠格涅夫后没几天就对自己的决定后悔了，她责备自己不该轻易允许儿子出国留学的请求，因为他实在太年轻了，还不懂得如何控制自己，如果没有可靠的人看管，很容易就会沦落为花花公子的。她也很后悔让波尔菲利陪他一起出国，因为她发现她那天真的儿子竟然把自己的仆人当成了同伴，太有失主人的风范了。"我受骗了，我受骗了！我干吗同意他出国啊？"她用力拍着躺椅的扶手大叫。

于是，她开始频繁地给屠格涅夫写信，而且几乎每一封信里都会有一个相同的栏目，那就是责备自己的儿子在浪费钱财，暴殄天物。母亲的信让屠格涅夫非常不悦，他一再地写信告诉她自己来柏林是为了求学深造，不是来观光旅游的，而且自己花钱也很节俭，并没有浪费她的钱财，但无论他说什么都无济于事，她的责骂并没有因他的解释而停止。

母亲的固执己见让屠格涅夫非常难过，也非常反感，为了不让这种感觉影响到自己的生活，他经常拖延回信的时间，甚至直接不回。屠格涅夫的这种无言的反抗让瓦尔瓦拉非常恼怒，为了制服儿子，她想出了一条恶毒的计谋。她写信对屠格涅夫说如果他不按时给自己回信，她就会将这笔账算在小农奴尼科拉什卡身上，让他替他受罚。

瓦尔瓦拉是如此地了解自己的儿子，她知道威逼恐吓对他来说都无济于事，但他天性善良，对孩子更是亲近有加，因此，她要用责打小农奴来逼他按时给自己回信，让自己可以随时掌控他的行踪。

她威胁屠格涅夫说："你大可以装作没收到我的信件而不给我回信，但你必须告诉波尔菲利'这次的邮班我不打算给妈妈写信。'然后由波尔菲利代你给我回信，不用写别的，只要写'伊凡·谢尔盖耶维奇身体健康。'就好了。这样，在三个邮班期间我都会安心的。在我看来这已经够宽容大度了，已经是我忍耐的极限了。但倘若你们两个都错过了那趟邮班,我就会鞭打尼科拉什卡。我也很可怜他,无辜受责罚,但我这也是无奈之举,谁让我的儿子不让我安心呢。这件事太失公道了,希望你不要残忍地逼我去做。"

屠格涅夫非常了解他母亲的个性,她向来不把农奴当人看的,打骂乃常事,而且说打就打,从不心慈手软。他不想因为自己的原因而让可怜的尼科拉什卡遭鞭打,尽管他极其厌恶母亲的这一狠毒的招数,但仍照她说的做了。

第四章 甜蜜的负担——女儿

> 爱，我想，比死亡及死亡的恐惧要强大得多。只有靠了它，只有靠了爱，生命才得以延续，得以发展。
>
> ——屠格涅夫

1. 上帝赐予的小天使

1839年春，在柏林留学的屠格涅夫收到母亲瓦尔瓦拉·彼得罗芙娜的一封来信，信的笔迹有些凌乱，不似她以往的笔迹。于是，他斜靠在窗台边上读起来，不一会儿他的心就凉透了。他的母亲告诉他家里遭受了火灾，斯巴斯科耶庄园的房子基本被烧光了。

具体情节是这样的：马车夫阿列克谢伊的妻子，一个既迷信又做事不稳重的女人，5月1日那天晚上，她认为用飞廉熏刚生完牛犊的母牛可以为它驱邪，就那么做了。这种迷信的事情在农村时常发生，并没什么好批评的，但在熏母牛时，由于疏忽，她竟没注意到一块阴燃的煤掉入了稻草里。灾祸就是由此而起的。她离开后不久，牲口棚就开始冒烟着火了。

火焰从牲口棚里蹿出来，引燃了院子里的其他房屋，由于当天晚上的风不小，所以加速了火势的蔓延。着火后不久，大火就蔓延到了地主宅邸的左侧部分，而此时的瓦尔瓦拉正准备用晚餐。当时，瓦尔瓦拉·彼得罗芙娜的长子尼古拉刚好也在家，他因去购买军马而途经自己家，当晚就留下来陪母亲，并打算天亮后离开。

仆人安东·格利戈里耶维奇已将餐具摆在了餐桌上，并出去准备上饭菜，可几分钟后，他没有端上饭菜，而是提着盛碗筷的篮子走了进来，飞快地收拾着刚才摆好的银餐具。

"你在干什么，安东？"瓦尔瓦拉·彼得罗芙娜生气地朝他吼道，"你是不是喝醉了？"

"太太，我没喝酒，但您不能进餐了。"

"为什么，这是我家，我说了算？"

还没等安东向她解释清楚，她自己就全都看明白了。熊熊大火照亮了黑夜，火星如冰雹般从上空落下，啪啪作响。

"苍天！咱们家失火了！"瓦尔瓦拉·彼得罗芙娜从椅子上弹起来后大叫了一声。

就在这时，尼古拉·谢尔盖耶维奇慌忙地跑了进来，神情紧张地对她说："妈妈，咱们家失火了！快去收拾你的钱、钻石和所有的值钱东西吧！"

所有的奴仆都忙碌起来了，他们迅速地进出房内，从房里搬运出圈椅、沙发、镜子、中国和塞佛尔的瓷器、银器、画以及历代祖先的画像。尽管他们全力搬运，也搬出了一些东西，但值得惋惜的是，更多的东西是被损坏、被打碎或者被抢走了。熊熊大火一直烧到午夜才停息下来，随着大火的熄灭，斯巴斯科耶庄园也差不多覆灭了。

瓦尔瓦拉·彼得罗芙娜写信央求屠格涅夫赶快回国，并说她已经汇出了两千纸卢布，供他付路费，并要求他尽量赶在圣彼得节以前回到家。"我所有奴仆的衣物都被烧光了，他们连件衬衫都没来得及去收拾，现在他们根本没有什么衣服可以用来蔽体。我们需要重新盖房子，重新为仆人做衣服。庆幸的是，你的猎枪依然完好，但你的猎狗却已疯了，在不停地叫唤。"

斯巴斯科耶庄园虽然没给屠格涅夫留下多少美好的记忆，但那毕竟是他生长的地方，于是他决心回国，去哀悼灰烬中的家园。

1841年，屠格涅夫回到斯巴斯科耶庄园，为了缓解庄园失火给母亲带来的打击，他打算在家多待些时日，好好陪陪她。

屠格涅夫性情温顺乖巧，自小就非常讨人喜爱。虽然他的母亲瓦尔瓦拉脾气乖戾，常常对身边的人发火，也会责打屠格涅夫兄弟，但无论如何，她对屠格涅夫却有着几分依恋。屠格涅夫远赴他国求学曾令她非常不安，时常因梦见他在外国遭遇不幸而惊醒。长久的离别更是加深了她对屠格涅夫的爱，虽然庄园被烧毁令她非常心痛，但能够见到屠格涅夫仍令她高兴不已。

她命人做屠格涅夫最爱吃的饭菜，关心他的每一个举动，还时常让人给他送去他小时候最爱吃的醋栗果酱。屠格涅夫回家后，她全部的心思都用在了他身上，为他做所能让他开心的事，像是在有意讨好他一样。

温馨的氛围让屠格涅夫生活得非常惬意，他也常常为身边的人带去欢乐。瓦尔瓦拉的养女瓦里安卡是个忧郁的小女孩，母亲的坏脾气让她整天担惊受怕的，明澈的大眼睛中总是含着惧意。为了逗瓦里安卡开心，屠格涅夫带领她"抢劫"了母亲的食品柜。

当时瓦里安卡因受到母亲无故的责骂而躲在树下伤心，被经过的屠格涅夫看见了，对于母亲的脾气，他无法改变，但他觉得自己应该为这可怜的小女孩做点事情。于是，他蹲下身帮瓦里安卡擦干了眼泪，让她不要哭了，并吓唬她说哭会把眼睛哭瞎的。小女孩吓得强忍住眼泪，委屈地看着屠格涅夫。为了让小女孩开心起来，屠格涅夫决定冒一次险，挑战一下母亲的容忍度。

"走，抢劫去！抢光母亲的食品柜！"屠格涅夫装出一副凶狠的样子，拉着瓦里安卡的手向走廊走去，边走还边学军人拿枪打仗的样子。他的样子非常滑稽，终于让瓦里安卡破涕为笑。

食品柜的钥匙一向是由仆人米哈伊尔·菲利波维奇保管的。他是一个年老耳背，神志还有点不清醒的老人。屠格涅夫父亲在的时候，他是他的贴身仆人，照顾他的起居膳食，主人去世后，他就被派来看管食品柜和做一些厨房里的杂务。

"把柜子打开！"站在食品柜前，屠格涅夫双手背在身后，摆出一副老爷的架势，命令哈伊尔。没有女主人瓦尔瓦拉的命令，他不敢随便给人开食品柜的门，但看屠格涅夫气势汹汹的阵势，他也不敢惹他，于是只好不情愿地把柜门打开了。

"冲啊！"屠格涅夫举起一只手，对跟在自己身后的瓦里安卡叫道。于是，他们开始肆意地对食品柜进行大扫荡，遇到喜欢吃的东西就一个劲地往嘴里塞，遇到不喜欢吃的东西就扔到一边，两人边吃还边发出开心的笑，食品的汁液弄花了他们的脸，也弄脏了他们的衣服，但他们就像没看见一样。

老仆人米哈伊尔一辈子省吃俭用，眼前的浪费情景把他吓呆了，他张着大嘴，眼睛随着屠格涅夫和瓦里安卡的举动而机械地移动，连上前制止都忘了。

一阵大扫荡后，屠格涅夫拍着自己撑得鼓鼓的肚子问瓦里安卡："你吃饱了吗？我是再也吃不下了！"

瓦里安卡将手放在自己的嘴边对屠格涅夫说："我肚子里的食物已经堆积到这了，再吃就会冒出来了！"

于是，他们像打了胜仗的战士一样，甩着胳膊，昂首挺胸，迈着大步离开了犯罪现场，留下老仆人自己收拾那被他们搞得一片狼藉的食品柜。

老仆人怕因此事受到瓦尔瓦拉的责骂，就赶紧向她汇报了这件事。他本以为她会大发雷霆，会派人立刻去叫屠格涅夫回来问罪，但事实却恰恰相反，她微笑着听他讲述屠格涅夫洗劫食品柜的事情，还要求他将事情的经过详细地告诉她。

"我可爱的万涅卡（瓦尔瓦拉对屠格涅夫的昵称），还是那么淘气！"听完后她笑着说，然后闭起眼睛，仿佛在回味老仆人刚才描述的情景。

屠格涅夫的归来让瓦尔瓦拉非常高兴，对他所做的一切事情都觉得非常可爱。归国后的屠格涅夫也非常孝顺，总是想方设法地逗母亲开心。他为了让母亲度过一个愉快的下午，甚至愿意放弃心爱的打猎活动，而用轮椅推着母亲在花园里散步。

母慈子孝，这样的情景让周围的人非常惊奇，也非常高兴，因为屠格涅夫的归来把他们从瓦尔瓦拉的高压统治下解放了出来，让他们可以过上一段比较舒心的生活。然而这种温暖舒心的生活并没有持续太久，就被一场风波打破了。

屠格涅夫爱上了新雇来的一个叫阿芙多季雅·叶尔莫拉耶芙娜的年轻女裁缝，这件事不知如何传到了瓦尔瓦拉的耳朵里。阿芙多季雅虽然长得很漂亮，但出身小市民阶层，瓦尔瓦拉是绝对不能接受她的，甚至觉得儿子与这样身份低下的女人交往是在辱没门风，让她在其他地主面前抬不起头。于是，她大发雷霆，命令管家立马把这个伤风败俗的女人赶出斯巴斯科耶庄园。

看到母亲那么生气，屠格涅夫胆怯地站在母亲的身后，一直低着头，连一句替阿芙多季雅辩白的话都没敢说。可怜的阿芙多季雅只得离开斯巴斯科耶庄园，走时连工钱都没有拿到。

屠格涅夫从小就痛恨农奴制下的残酷的等级制度，也讨厌地主、少爷们玩弄女人的行为。母亲的愤怒让他不敢站出来为阿芙多季雅求情，但这并不代表他冷漠绝情。他知道阿芙多季雅离开斯巴斯科耶后将无以维持生计，就背着母亲偷偷地在莫斯科为她租了一间房子，让她在那里做些针线活，养活自己。

阿芙多季雅被赶出斯巴斯科耶庄园时就已经怀孕了，1842年4月，她顺利生下了一名健康的女婴，并为她取名叫彼拉盖娅。

阿芙多季雅将女儿出生的消息写信告诉了屠格涅夫，得知女儿降生的消息，他又惊又喜，兴奋地摇着朋友的肩膀说："我有孩子了，我的女儿！"

女儿的出生在带给屠格涅夫惊喜的同时，也让他感到肩上多了一副担子：他要承担起抚养女儿的义务。他当时还在求学，没有经济来源，要想抚养女儿就只能向母亲求援。于是，他谦卑地给母亲写信，求她宽恕自己，并代为抚养自己的女儿。

瓦尔瓦拉回信说："你真单纯，你没什么需要我宽恕的。无论是你的行为，还是她的选择，我觉得都很正常，不过是一时激情爆发难以控制而已。"对于代为抚养女儿的问题，她只字未提。

屠格涅夫知道母亲的脾气，她非常享受被人祈求、摆布他人命运的感觉。于是，他就一再写信求她可怜无辜的小生命。经过几番的恳求，瓦尔瓦拉终于答应替他抚养他的女儿。屠格涅夫如同得了特赦令一般，立马从德国赶回莫斯科，去看阿芙多季雅母子，并将女儿抱回了斯巴斯科耶庄园，交到母亲的手上。

因为要赶回柏林大学完成学业，1842年5月，屠格涅夫不得不离开故乡，离开才出生不久的女儿。临行前，他一再恳求母亲替自己照顾好女儿，恋恋不舍地亲吻女儿的小脸蛋。

在以后的数年中，屠格涅夫的行迹主要遍布在西欧几个国家，从事文学创作和交流活动，即使回国，也是在莫斯科任职，很少回斯巴斯科耶庄园，也就很少见到自己的女儿。

对于屠格涅夫与阿芙多季雅的恋情，很少有人了解详情，屠格涅夫也从未向他人详细说过，但他却将它写进了自己的小说。他的长篇小说《贵族之家》中有一段关于伊凡·彼得罗维奇与一个年轻女仆恋爱的故事，这个故事就是以他与阿芙多季雅的恋爱为蓝本的。

一段短暂的恋情却结出了可爱的果实，屠格涅夫拥有了一个可爱的女儿，她也是他一生中唯一的孩子。女儿的降生为屠格涅夫带来了许多欢乐，也为他流浪不羁的生活系上了牵挂。

2. 被唤醒的父爱

1850年6月，在外飘荡数年的屠格涅夫再次踏上回国的旅程。迎风站在油轮的甲板上，屠格涅夫感慨万千，每次出国，他都是心怀向往、激情澎湃的，但每次回国，他的心境却完全不同，不是悲伤就是凄凉。1841年的时候，因斯巴斯科耶庄园被大火所毁，他按母亲的要求回国安慰她，当时他的心境极其沉重，而这次被迫回国，他的心情更是差到了极点。

屠格涅夫之所以如此的痛苦，完全是因为他亲爱的母亲瓦尔瓦拉。为了逼迫身在巴黎的屠格涅夫回到自己身边，瓦尔瓦拉明知他没有固定的经济来源，微薄的稿费收入连一日三餐都很难解决，但仍狠心地中止给他寄生活费。没有母亲按月寄来的生活费，屠格涅夫很快就陷入了贫困中，加上战乱的惊扰和传染病的侵袭，他觉得继续在国外逗留下去，等待他的很可能就是死亡。于是，他硬着头皮给母亲去信，请她为自己寄来回国的路费。

瓦尔瓦拉虽然对屠格涅夫违背自己的意愿，长期滞留国外深感不满，但考虑到儿子的困境以及诚恳的请求，她最终给儿子寄去了回国的费用。

回国时的心情已经很糟糕了，但回国后经历的事情更让他心碎。

八年前，屠格涅夫出国的时候恳请母亲瓦尔瓦拉代为照顾女儿彼拉盖娅，作为祖母的瓦尔瓦拉很不情愿地答应了。屠格涅夫本以为母亲会好好照顾彼拉盖娅，因为无论如何她都是她的孙女，但回到斯巴斯科耶庄园后所见到的情景却让他伤心不已。瓦尔瓦拉·彼得罗芙娜根本没有真心接受儿子的嘱托好好照顾小女孩，而是将她交给了负责洗衣服、干杂务的女仆。

当屠格涅夫第一眼看到她时简直不敢相信那就是自己心爱的女儿。宽大不合体的衣服让她原本就瘦小的身体看上去更羸弱，枯黄的头发被草草地束在头上，脸上脏兮兮的却无人给清洗。当屠格涅夫走到她身边时，她扬起小脸，用一双无辜的大眼睛盯着他，仿佛在祈求他不要伤害自己。

　　看到女儿那祈求的眼神，屠格涅夫感到心都碎了，他无法想象他不在的这八年里她是怎样度过的。他俯身紧紧抱起她，亲吻她那瘦弱的小脸，泪水滴到她的小脸上，让她感到痒痒的。她看着这个对她来说本应最亲近，却又极其陌生的男人的脸，有些茫然，在她的小脑袋里爸爸这个词和眼前的这个泪流满面的男人还未画上等号。她看他一直在哭，就用小手替他擦拭眼泪，还安慰他说："不要哭了，他们不会打你的。"

　　斯巴斯科耶庄园里的人和村子里的人都管彼拉盖娅叫小姐，但却都喜欢指使她干活，马车夫常叫她去给自己打水，负责清理院子的仆人总嫌她碍事常把她赶到一边。一个没有亲人疼爱的地主小姐却过得连个奴仆的孩子都不如，这让屠格涅夫深感愧疚。更让他难以忍受的是母亲对彼拉盖娅的玩弄。瓦尔瓦拉·彼得罗芙娜在家里来客人的时候就会命令仆人给彼拉盖娅换上干净整洁的衣服，把她打扮得像个贵族小姐，然后带到客人面前，问在场的客人："你们觉得这个女孩子眼熟吗，猜出她长得像谁了吗？"

　　彼拉盖娅跟屠格涅夫长得非常像，见过屠格涅夫的人都能一眼看出来她是他的孩子，但却没有人愿意去回答。

　　"怎么，你们难道看不出她长得与某个人非常像吗？她的小脸简直就是从伊凡（屠格涅夫）的脸上复制下来的。没错，这就是他的宝贝女儿。"瓦尔瓦拉·彼得罗芙娜不止一次地当着众人的面这样作弄屠格涅夫和他的女儿彼拉盖娅。彼拉盖娅还小，她无法体会到祖母话中的嘲弄意味，而屠格涅夫却感到无地自容，仿佛自己被脱光了衣服游街示众一样。

屠格涅夫对母亲的行为非常不满，也对当年自己的懦弱悔恨不已。彼拉盖娅是他的非婚生女儿，但当年如若不是瓦尔瓦拉·彼得罗芙娜强硬拆散他们，也许他和孩子的母亲现在会生活得很幸福，女儿也就不会任人欺负了，屠格涅夫常常这样想。

女儿屈辱可悲的处境深深刺痛了屠格涅夫的心，也唤醒了他深沉厚重的父爱，他对自己多年漂流国外而不顾女儿死活自责不已，同时，觉得无论如何自己都不能再这样继续错下去了，他必须承担起身为人父的责任，为女儿的生活做长远打算。在经过深思熟虑后，他给自己的情人、法国著名的女歌唱家波琳娜·维亚尔多写了一封信，信中介绍了自己回家后见到女儿的处境及自己内心的愧疚，请求她为自己和女儿指引方向。

维亚尔多夫人对屠格涅夫女儿的处境深表同情，也为屠格涅夫深深的父爱所打动，就主动提出愿意帮屠格涅夫抚养他的女儿。在回信中她还说："在俄国，无论什么样的教育环境都无法帮这个可怜的女孩摆脱她那尴尬的非婚生女身份，把她送到我这里来吧，新的环境会给她带去新的生活和新的命运。"

波琳娜·维亚尔多夫人虽然仅仅是屠格涅夫的情人，但在屠格涅夫的心里她就是他生命的主宰，他在做决定之前总会先征求她的意见，这次关于女儿的命运问题他当然也要征询她的意见。波琳娜能够好心地代他抚养女儿令他感动不已，为了表达他对她的感激，他将女儿的名字改为波丽奈特·屠格涅娃。波丽奈特意为小波琳娜，他希望女儿将来可以像波琳娜一样优雅、高贵、多才多艺。

从1850年7月回到斯巴斯科耶庄园到当年10月，屠格涅夫已经忍耐了三个多月，他实在无法再忍受了。他本想自己带波丽奈特去巴黎交给波琳娜·维亚尔多夫人的,但不曾想回国后朋友间有一堆事情要处理,学校下半学期开学以前他都抽不出时间将女儿送过去。最后,他只好将女儿交给一个名叫萝德的法国女人,请她帮忙将女儿带到法国巴黎。

波琳娜·维亚尔多夫人愿意帮屠格涅夫抚养他的女儿,但喂养孩子容易,培养孩子难,为将波丽奈特培养成一个真正的上流社会的淑女,屠格涅夫每年需承担一千法郎的抚养费。一千法郎对当时的屠格涅夫来说可不是一笔小数目,一想到这么一大笔钱就让他感到寝食难安,因为他没有固定的经济来源,稿费收入也不高。

不过,屠格涅夫的经济困境并没有持续太久,在他将女儿送出国后没几天,他的母亲瓦尔瓦拉·彼得罗夫娜就因病去世了。这个心理扭曲的老太太活着的时候总是极力控制儿子的经济,让自己的儿子一贫如洗,连正常的生活都无法自持,死后却什么也没能带走,大笔的财产最终都归儿子所有。

虽然在分母亲的遗产时屠格涅夫对哥哥做出了很多让步,但他仍得到了一大笔足以让他过上衣食无忧日子的遗产。有了土地和庄园的屠格涅夫终于成了真正的贵族,有能力去实现自己的愿望了。他的第一个愿望就是让女儿过上幸福的生活,让她不用为衣食担忧,让她可以接受良好的教育,远离恐惧和屈辱。

在分得财产后,屠格涅夫就兴奋地给维亚尔多夫人写信说:"现在我已经是个真正的富人了,再也不用为每年一千法郎的抚养费而发愁了。请您为她找一个钢琴教师吧,两年以前她就该学习弹钢琴了。一想到您说她长得非常像我,我心里就美得很。请您给我寄一张您亲自为她画的铅笔肖像吧。"拥有了财产的屠格涅夫对女儿的未来充满了希望，"我希望这个变化可以改变她可怜的命运"，在信中他毫不隐瞒地对维亚尔多夫人说。

屠格涅夫的第二个愿望，也是他从小就渴望实现的愿望——解放农奴，还他们自由。在他母亲瓦尔瓦拉活着的时候，他就曾极力劝说她解除扣在农奴脖子上的命运枷锁，还他们自由、平等的身份，但他的劝说最终以失败结束。瓦尔瓦拉是个十足的老式地主，将农奴看作是自己财产的一部分，视财如命的她怎么可能让自己的金钱跑掉！而如今，瓦尔瓦拉·彼得罗芙娜已经去世了，他成了斯巴斯科耶庄园的主人，有权力和能力去实现自己的愿望了。他不仅解放了庄园里的大部分农奴，还将土地低价出租给他们种，让他们每年只上交很少的租金。

将女儿送出国后，屠格涅夫一直沉迷于文学事业，忙于参加各地的社会活动，没能抽出时间去看望女儿波丽奈特，直到6年后，也就是在1856年7月，他才从繁忙的文学活动中抽出时间，赶往巴黎去看望他朝思暮想的女儿。

去巴黎之前，屠格涅夫并没有告诉波丽奈特他要去看她，他想要给她一个意外的惊喜。当时，波丽奈特正在巴黎近郊的库特维内尔，就读于阿兰格女子寄宿中学。屠格涅夫通过学校人员的指引，直接来到了女儿宿舍，隔着宿舍的门，他听到里面传出悦耳的钢琴声，他猜想一定是女儿在练琴，就悄悄地推开门，想看看女儿弹钢琴的样子。尽管屠格涅夫开门的动作很轻，但还是让敏锐的姑娘听见了，她停下来，转过头，平静的脸上立刻露出惊喜万分的表情。

"爸爸！"她立刻从椅子上站起，奔向屠格涅夫的怀抱。虽然已经阔别6年了，但在她的脑海里父亲的样子从未模糊过。

6年的时光在成年人身上留下的痕迹可能并不明显，但却可以将一个小孩子完全改变模样。屠格涅夫记得6年前当自己将波丽奈特送上轮船时，她还是个瘦瘦弱弱的小不点，胆怯的眼神中充满着对这个世界的恐惧，而眼前的女儿却已出落得如花似玉，举手投足间透露着自信、优雅。女儿的优秀让屠格涅夫深感自豪，也为自己的生活感到满足。

屠格涅夫这次来巴黎打算长期待一段时间，因为在这里有他一生中最爱的两个女人：女儿和波琳娜·维亚尔多夫人。维亚尔多夫人将自己的女儿培养得那么优秀令屠格涅夫非常感激，他为自己当初明智的选择感到庆幸。

在巴黎，屠格涅夫的大多数时间是在维亚尔多夫人家度过的。维亚尔多夫人是法国著名的女歌唱家，她的交友非常广泛，不仅在歌唱界，在文学界她也有许多朋友。这些人都倾慕于她的舞台风姿，经常会出现在她的沙龙上。在沙龙上，维亚尔多夫人经常会让波丽奈特为大家朗诵诗句，波丽奈特的精彩朗诵每次都能赢得在场人的热情赞扬，这让屠格涅夫倍感自豪。

女儿的优秀让屠格涅夫非常欣慰，美中不足的是因长期生活在国外，她竟已将母语忘得一干二净，这让一向将俄语看作是世界上最优美的语言的屠格涅夫感到有些惆怅。

3. 为了女儿的幸福

维亚尔多夫人自己有三个女儿，加上波丽奈特，家里就有了四个正在成长中的女孩。成长中的孩子总是会很敏感，尤其是十几岁的女孩。维亚尔多夫人的大女儿路易斯较波丽奈特年长1岁，两个女孩之间虽然不经常发生争吵，但感情上的隔阂却很深。路易斯看不惯母亲与屠格涅夫之间的暧昧关系，认为屠格涅夫是自己家庭的破坏者，对波丽奈特当然也不会有好感。

波丽奈特感到在维亚尔多夫人家生活得也很不愉快，她受不了路易斯的处处为难，也不希望继续看着父亲卑微地围绕在维亚尔多夫人的石榴裙边。

屠格涅夫与维亚尔多夫人的关系本来就很微妙，他们的朋友都会尽量避免谈论他们的事情，但他们的孩子却并不在乎，路易斯与波丽奈特经常会相互谴责，路易斯说波丽奈特与他的父亲是他们家庭的破坏者，是不被欢迎的人，波丽奈特则反击她说是她母亲一直纠缠着自己父亲，让他们无法组建幸福的家庭。

尴尬的境况愈演愈烈，让两家人再也无法共处一个屋檐下。为了避免气氛尴尬到无法收场的地步，屠格涅夫决定带女儿搬出维亚尔多夫人家，搬往巴黎市区。搬出维亚尔多夫人家是为了不让女儿再忍受寄人篱下之苦，搬到巴黎而不是更远的地方，是为了自己，尽管在维亚尔多夫人家受到很多冷遇，但他对她的依恋始终未曾消减，搬到离她家不远的巴黎市区可以方便自己经常去看望她。

搬出来后，屠格涅夫在巴黎市区租了一套房子，还为女儿请了一名女家庭教师。搬离维亚尔多夫人家后，屠格涅夫发现女儿脸上的笑容明显多了许多，长期寄人篱下的生活并没有扭曲她纯洁善良的天性，这让他稍感欣慰。

已人到中年两鬓霜白的屠格涅夫仍未走进婚姻的殿堂，虽然他曾遇到过数个能够与他组建起幸福家庭的女人，但每当与她们亲近到可以谈婚论嫁的程度时，他都会黯然地退缩，不是因为他不爱她们，只是因为他爱波琳娜·维亚尔多夫人爱得太深。他这辈子只愿与她相守，可现实却不允许他们如此，所以他只好如此单身下去。完整的家庭对他来说是个可望而不可及的梦。

尽管屠格涅夫一生未娶，但上帝仍是垂怜他的，给他送来了一个聪明、美丽的女儿，让他的人生不会太孤单。搬到巴黎市区后，屠格涅夫度过了一段踏实、安定的生活。女儿的读书声让他文思泉涌，女儿弹奏出的轻柔乐章让他身心舒畅，在这样既平静又祥和的氛围中，屠格涅夫体会到了家的温馨、生活的欢乐。

他挚爱着自己的女儿，对女儿成长中的趣事津津乐道。他不仅不厌其烦地向他所有的朋友介绍自己的女儿，还将她的成长历程写进了小说。

《阿霞》是屠格涅夫所创作的中篇小说中最成功的一部，富有诗意的语言、优美的意境、浪漫的情结，共同铸就了这部小说的辉煌。小说讲述的是一个凄婉动人的爱情故事，故事中的女主人公是地主少爷与女佣的私生女，从小被人欺辱，最后因好心人的收养、教育，最终成长为一位高贵典雅的上流社会的淑女。

无论故事的情节还是人物的性格，都带有明显的现实痕迹，让人很容易就能从屠格涅夫的生活中找到小说的原型。

因为屠格涅夫十分爱自己的女儿，将她看作是圣洁无瑕的人儿，所以经常向朋友介绍她生活中的点滴，并期望朋友们也像自己这样喜爱她。屠格涅夫的朋友都知道他爱女心切，所以他告诉他们任何关于她的事情，他们都会表示喜爱或赞同，因为他们都是些心地善良又仁慈的人，无论如何也不会去伤害一位慈父的心的。

尽管屠格涅夫非常爱自己的女儿，也很享受与她在一起的美好时光，但他始终忘不了维亚尔多夫人。他知道女儿与维亚尔多夫人合不来，就尽量避免让她们俩见面，但她们两个人都是他的挚爱，他不愿意顾此失彼，因此，他常常感到非常为难。随着年龄的增加，渐渐懂事的波丽奈特明白了父亲的苦楚，就不似先前那样与维亚尔多夫人争夺父亲的爱了。她清楚地知道父亲的尴尬处境，与其阻止他去见维亚尔多夫人，还不如由着他，让他在现实面前知难而退，自觉地退出她的生活。

每次看到父亲受伤而归的样子，波丽奈特都会很心痛，为父亲抱冤。可每次屠格涅夫回来后不久，待心头的创伤稍微愈合些，就又迫不及待地回到维亚尔多夫人身边。每次看着父亲离去的背影，波丽奈特都会泪流满面，她不知道接下来父亲将面对的又是怎样的尴尬。她曾不止一次地对着父亲的背影叹息说："多么可怜的人啊！"

转眼间7年的时光过去了，不知不觉中波丽奈特已长成了21岁的大姑娘，谈婚论嫁的事也该提上议事日程了。屠格涅夫自己没能得到美满的婚姻，所以他对女儿的未来抱有很大的期望，他希望将自己未曾享受过的幸福都累积到女儿的身上，让她可以享受爱情的甜蜜和婚姻的美满。为了尽快找到一位乘龙快婿，屠格涅夫就将她送到了在文学界交游非常广的德莱塞夫人那儿，并拜托德莱塞夫人为女儿留意，尽快帮她择取一个最佳的结婚人选。

1863年秋，屠格涅夫因朋友的事情遭到连累，被枢密院传讯，不得不匆匆赶回国。在他离开巴黎之前，德莱塞夫人还未能为波丽奈特找到合适的人选，这让他无法安心地回国。在回国后，屠格涅夫就马上给女儿写信，叮嘱她说："我一直希望你是因爱而结婚，而不是因为除此之外的任何原因。要知道如果没有爱情，婚姻就会毫无意义。"

回国后不久，屠格涅夫收到德莱塞夫人的一封信，信中说她已经为波丽奈特找到了一个非常好的归宿，男方叫加斯东·布吕埃尔，是个玻璃制造商，有家规模不小的玻璃制造厂，长相标致，精明能干，还很善良，简直是波丽奈特的完美归宿。德莱塞夫人与屠格涅夫是非常亲密的朋友，对于朋友的嘱托，她必定会尽心尽力去办的，也正是基于对她的信任，当屠格涅夫看到她的来信时非常的高兴，完全相信她的判断，认为她为自己的女儿寻找到的必定是她所能找到的最佳人选。

收到德莱塞夫人的信后，屠格涅夫就恨不得肋生双翅马上飞回巴黎，去亲眼见见自己的这位乘龙快婿，看看陷入爱河的女儿是多么的美丽、可爱，可俄国枢密院严令他必须待在俄国，直到他们查清他是不是无政府主义者的同谋为止。屠格涅夫虽然无法马上赶回巴黎，但在俄国他仍然可以为女儿做很多事情，比如说筹备嫁妆。波丽奈特是屠格涅夫唯一的孩子，也是他极其疼爱的孩子，在她结婚这件人生大事上，他当然不愿意让女儿受委屈，于是，他倾其所有，为女儿筹备了一份非常丰厚的嫁妆。

枢密院的审查工作并没有持续太久，在调查清楚屠格涅夫没有参与反政府行动后，他们就宣布取消对他的控诉，还他自由出入国境的权利。收到这个消息后，屠格涅夫非常高兴，立马打点行装，搭上去巴黎的油轮，往巴黎赶。在巴黎，德莱塞夫人正在为波丽奈特筹备婚礼，如此重要的情节，屠格涅夫当然不愿错过。慈爱的父亲想为女儿举办一场精彩、华丽的婚礼，好让她永世难忘。

刚回到巴黎，屠格涅夫就迫不及待地投入到了女儿婚礼的筹备工作中，大到婚礼现场的整体布置，小到每件器具的摆放视角，他都事无巨细地一一参与。筹办婚礼非常繁忙，但屠格涅夫却乐此不疲，他还兴奋地给他的作家朋友说："他（布吕埃尔）学识渊博，出身正统，最主要的是我女儿非常喜欢他。……在这里(巴黎)的每一天都让我感到无比的充实和欣慰，我觉得自己就像锅里沸腾的水，每时每刻都乐开了花。"

1865年2月25日，经过精心地筹备，波丽纳特的婚礼在教堂隆重举行。婚礼现场，屠格涅夫将波丽奈特的手郑重地交给布吕埃尔，并祝福他们永远幸福。看着两位新人缓缓地走向神父，在十字架下立下相爱终生、不离不弃的誓言，屠格涅夫感动得泪流满面，他为女儿感到庆幸能找到这么一位优秀的夫婿。屠格涅夫相信他们的幸福会一直持续下去。

4. 女儿的不幸是父亲最痛的伤

女儿结婚时，屠格涅夫年近半百，却一直未婚，与心爱的人走进教堂一直是他的梦想，但却是个无法实现的梦想，因为他爱的人是一个有夫之妇。所以，他将全部的希望都寄托在了女儿的身上，希望上帝可以将自己未曾享用过的幸福转嫁到女儿身上，让她的一生比别人更幸福美满。

然而，世事多变，波丽奈特婚后不久，德国与法国之间就爆发了德法战争。这场战争不仅让许多城市变为废墟，也让屠格涅夫父女俩的美梦变得支离破碎。德法战争的爆发让许多行业受到严重冲击，布吕埃尔所从事的玻璃业更是受冲击巨大，加之他经营不善，更是让玻璃厂的运营举步维艰。

19世纪70年代末，屠格涅夫曾写信给他的哥哥尼古拉说："我女儿的全部陪嫁都被我女婿花光了，他那奄奄一息的玻璃厂大概再也支撑不了多久了，破产只不过是时间的问题。因此，我又得挑起抚养女儿的担子，与以往不同的是，这次我不仅要养活我的女儿，还得养活她的孩子。"

正如屠格涅夫所料，布吕埃尔在花光了波丽奈特的嫁妆后再也找不到金钱去缝补他那漏洞百出、奄奄一息的玻璃厂了，所以只能眼看着它破产。丈夫破产后，波丽奈特就失去了经济来源，生活过得极其艰难，屠格涅夫非常心痛，但仍写信安慰她，"我希望你与布吕埃尔可以相互扶持着从破产的痛苦中走出来，顽强地开辟新的生活。无论如何，我想让你记住，你的父亲是不会眼看着你们受穷挨饿的。"

女婿的破产让屠格涅夫很心痛，但与之相较，布吕埃尔的变化更让他痛心。破产后，原本温和善良的布吕埃尔开始用酒精麻醉自己，吸烟酗酒、玩世不恭，对于波丽奈特的规劝，他不但不听，还扬言要亲手杀了她。丈夫的变化让波丽奈特害怕极了，她知道如果再在他身边待下去，她真的有可能被他杀死。于是，她向父亲求救。

屠格涅夫看到波丽奈特的求救信时，心痛地哭了，他不曾想到他可怜的女儿命运是如此的多舛。当时的屠格涅夫正遭受病痛的折磨，又得知女儿的危险处境，这让他身心备受煎熬，他很想就此撒手人寰，但为了女儿他不能那么做，因为除了他，可怜的波丽奈特再无他人可以依靠，他要为她重新撑起一片蓝天。于是，他给女儿写信说："带着你的两个孩子来我这吧，我会给你们找个藏身之所。你现在马上向法院提起离婚诉讼，请求分居并分割财产。"

人生的最后那几年，屠格涅夫一直遭受着神经痛和心脏病的折磨。1882年年底，他的神经痛和心脏病更严重了，病痛折磨得他痛苦不堪，常常要靠注射大量的吗啡来缓解全身的剧痛。更不幸的是，1883年春，夏柯医生又检查出屠格涅夫患上了不治之症——脊椎癌。好心的医生为了减轻屠格涅夫的痛苦，就一直隐瞒说他得的是神经炎。确诊后没几天，屠格涅夫背部的一个肿块开始萎缩，还流出许多脓血，这让他感到非常欣慰，因为他以为肿块萎缩是痊愈的前兆。

背上肿块的萎缩虽未能让屠格涅夫彻底摆脱病痛的折磨，但至少让他的痛苦减少了些。身体的痛苦减少了，但他内心的痛苦却越来越严重，波丽奈特以及她孩子的处境让他寝食难安。为避免女儿遭她的丈夫布吕埃尔杀害，他把她及她的孩子藏在了瑞士索勒尔的一家旅馆里，每月为他们寄去生活费。

1883年2月，屠格涅夫稍微好转些了的病情又开始恶化，但他仍不忘按时给女儿寄钱。在寄出钱的同时，像往常一样，他还附寄了一封信："亲爱的波丽奈特，这是3月份你们的生活费，400法郎。我的身体还是老样子，每天卧床不能起。吻你和你的孩子。"信的内容非常短，而且字迹凌乱。屠格涅夫本想多写点内容，但他那虚弱的身体实在不容许他那么做，颤颤巍巍地写了这么几个字就已让他筋疲力尽了。

在屠格涅夫生病期间，他一直很想见女儿，让女儿像未出嫁以前一样，为他朗诵，给他弹钢琴。但他不能因为自己而让女儿冒险，所以即使他非常想念她仍不曾叫她来看自己，就连波丽奈特挂念他想偷偷地来看他都被他拒绝了。"我不能让我亲爱的波丽奈特受到伤害！"屠格涅夫每当想念女儿时，都会自言自语地说这么一句话。

秋天是值得歌颂的季节，屠格涅夫也曾无数次地歌颂过它，但正是在这诗一样的季节里，他耗尽了自己全部的激情与才情。1883年8月22日下午两点，一代大文豪屠格涅夫燃尽了他人生的最后一滴油，油尽灯灭，怀着对文学事业的留恋，对可怜的女儿的牵挂，不甘心地闭上了那双曾经炯炯有神、智慧深邃的双眼，在法国的布日瓦尔与世长辞，享年65岁。

在弥留之际,屠格涅夫仍惦记着女儿波丽奈特,不停地呼唤她的名字。而当时的波丽奈特仍远在瑞士,为防止被丈夫布吕埃尔追杀,她连去见父亲最后一面都未能实现。得知父亲离世的噩耗,她瘫倒在地,眼泪扑簌直流,父亲的音容笑貌一直在她脑海里盘旋,让她无法相信他竟永远离她而去了。

哭得不能自持的波丽奈特勉强从地上站起,拿过摆在妆台上父亲的相片,用手绢轻轻地擦拭,照片上的父亲是那样的和蔼,眼神中透露着无限的智慧。看着父亲的相片,波丽奈特不禁回想起自己的一生,她从小没有母亲疼爱,祖母将她丢给仆人后就不管不问了,是父亲将她从仆人堆里拉了出来,并将她培养成上流社会的淑女,又为她精心选夫婿,筹备丰厚的嫁妆,最后却又因她的不幸婚姻而心痛万分。

41年来最疼爱她的那个人没了,波丽奈特怎会不悲恸欲绝。当她从对往事的回顾中返回现实时,发现手中的相片早已被泪水打湿。她慌忙地擦拭掉相片上的泪水,生怕身边唯一一件父亲的遗物被毁坏了。擦拭干相片后,她恭敬地把相片摆在壁炉上方,久久地凝望,泪水一直不停地往下流。

波丽奈特曾经非常厌恶波琳娜,认为是她纠缠着父亲,让他无法拥有幸福的生活。然而,父亲生命的最后时光是她陪着走过的,她像妻子照顾丈夫一样照顾着屠格涅夫,无微不至、温柔体贴。波丽奈特觉得这对被病痛和自己的不幸婚姻折磨得痛苦不堪的父亲来说,应该得到了些许慰藉,因此,她消除了对波琳娜的厌恶,从心底感激她代自己陪父亲走完最后的人生,让他不是孤单地离去。

第五章 纠结一生的爱

> 你摘走了我生命中所有的花朵，可你却不到我墓前看我……
>
> ——屠格涅夫

1. 心中永远的女神

1843年11月，25岁的屠格涅夫在一次猎熊的打猎活动中认识了一位名叫路易·维亚尔多的法国人。他们非常投缘，都热衷于打猎和文学创作，因此，彼此在第一次见面后就形成了深厚的友谊。

路易·维亚尔多不仅是位文学家，还是位著名的音乐家，同时也是意大利学、西班牙学学者，著述颇丰。由于非常欣赏屠格涅夫，在打猎结束后，维亚尔多就邀请屠格涅夫去圣彼得堡歌剧院参加著名女歌唱家波琳娜的个人演唱会。那时，波琳娜已经成为维亚尔多的合法妻子了。

维亚尔多比波琳娜年长20岁，在他担任巴黎意大利歌剧院指挥的时候，发现了波琳娜的歌唱天赋，于是就主动为她争取了好几部经典歌剧的女主角角色。后来，也就是在1841年，他向她求婚，并得到允许。

当屠格涅夫在彼得堡歌剧院第一眼看到波琳娜时，就被她高雅的气质和动人的歌声所吸引，并深深地迷恋上了她。虽然他已知道他所迷恋的这个女人是有夫之妇，而且还是自己好友的妻子，但他仍无法克制住自己对她的迷恋。于是，一场持续四十年的、灵与肉相分离的爱情悲歌就此唱响。

当时的波琳娜虽然只有22岁，但她那优美高亢的歌声早已为她赢得了无数歌剧爱好者的倾慕，随着各国巡回演出的进行，她的名声也在欧洲其他国家传播开来。每当她一曲唱罢，总会赢得台下雷鸣般的掌声和无数美丽的鲜花，意犹未尽的观众还会等在剧院的门口，等波琳娜的马车出现，然后一拥而上，围着她的马车诉说赞美之词，直至把她送到下榻的宾馆。

波琳娜出身演员世家，她的父亲和母亲以及姐姐都是著名的歌唱家和表演艺术家。她长相平庸，身材偏矮，并不具备令男人倾倒的美人资质，但她却有着令所有人都倾慕的优雅气质和深邃的眼神，以及超凡的音乐艺术和创作才华。她歌声优美，钢琴也弹得非常棒，10岁就拜钢琴大师李斯特为师；她还博学多才，精通西班牙语、英语、法语、德语和意大利语。

虽然年轻的屠格涅夫长相出众，才华横溢，赢得过许多人的爱慕，但在波琳娜庞大的粉丝团中，他并不算最出色的一个。由于与波琳娜的丈夫是志同道合的朋友，所以屠格涅夫常常出入波琳娜的家，成了他们家的常客，并凭着自己的聪明才智和能言善辩的才能，很快就成了他们家的座上宾。

法国意大利歌剧团在彼得堡的巡回演出只持续了一个月左右，当屠格涅夫刚刚与波琳娜建立起友情的时候，她就不得不随剧团回国了，这让屠格涅夫非常的伤心。但令他欣慰的是，他们已经建立起了心灵上的桥梁，所以在波琳娜离开彼得堡之后，他们仍可以畅谈，不过是通过书信的形式，或讨论文学问题，或絮叨自己的生活琐事，当然，还有表达相思之苦。

屠格涅夫曾在给波琳娜的信中这样写道："上帝啊，我愿是地毯，永远匍匐在您高贵的脚下。"

尽管他为波琳娜的魅力所倾倒，不断地向她诉说着爱慕之情，但在他心里，始终充满着矛盾，并备受这种矛盾心境的折磨。在1843年，他送给波琳娜的一首抒情诗中，我们可以清晰地感受到诗人心底的痛苦：

"我为什么要反复沉吟悲凄的诗句？为什么每当夜阑人静之时，那热情的声音，亲切的声音，便会禁不住地向我耳边飞驰？

为什么？不是我在她的心里点燃起无声息的痛苦之火？在她胸中，在她痛苦的哭诉中发出的呻吟不是为了我？

那为什么我的心儿这样疯狂地朝着她脚边靠拢？就如海浪喧闹不息地向着那不可企及的岸边奔涌……"

在交往之初，屠格涅夫就知道自己与这位维亚尔多夫人不可能有一个完美的结果，但他却仍如飞蛾扑火一般不由自主地向她靠近。痛并快乐着，这句话也许可以精确地描写出当时的屠格涅夫的复杂心境。

在认识波琳娜之前，大概在1843年5月份，屠格涅夫依照母亲的意愿，到彼得堡的内务部办公厅任职，品级是十级文官。在任职的这段时间，他生活的非常悠闲，还因职务的关系，有机会广泛地接触到俄国社会的各种风俗民情，这对他以后进行小说创作是大有裨益的。

认识波琳娜之后，他原本平静的公职生活开始频繁地泛起波澜。他经常沉浸在对波琳娜的思念中不能自拔。终于，在1845年春，在得知波琳娜随歌剧团去德国柏林演出的消息后，就毫不犹豫地辞去了内务部的职务，打点行装向柏林奔去。

时隔差不多一年半之后，当屠格涅夫再见到波琳娜时，备感亲切，毫无生分之感，仿佛天天与她相见一般。不过，当天他兴奋地整夜无法入眠，她的一举一动都在他的脑海中盘旋。在屠格涅夫到来后没几天，波琳娜所在的歌剧团就打算回国，屠格涅夫无法满足于这短短几天的相处，于是就随着波琳娜他们一道去了法国，并在法国度过了一段可能是他一生中最美好的时光。

屠格涅夫到达巴黎后一直住在波琳娜的家里——离巴黎市区大约60公里的库尔塔夫奈尔宫堡。他与波琳娜的丈夫是志趣相投的好朋友，三个人聚在一起总有聊不完的话题。朝阳初升时，他与波琳娜的丈夫维亚尔多扛起猎枪一同出门打猎；夕阳西下的时候，他与波琳娜夫妻俩一同漫步在开满野菊花和虞美人的原野上；夜幕降临时，三个人或相携着去歌剧院看歌剧表演，或留在家里同来访的朋友把酒言欢，并倾听波琳娜那悠扬的琴声。朋友们戏称他们是"夫妇三口"，无论这个词带不带有讽刺意味，但在当事人看来，幸福快乐的感觉远胜于所谓的尴尬。

2. 不被祝福的爱

虽然屠格涅夫与维亚尔多夫妇对他们三个人之间的关系并没感到不适，但在他们的朋友看来却是非常古怪的，尤其是屠格涅夫的朋友，他们都清楚地知道屠格涅夫对波琳娜的一腔热火是不会有好结果的，最终必将燃尽自己，孤老终身，因为波琳娜与她丈夫之间的感情是那样的稳固，他们相互欣赏，相互扶持，是一对人人羡慕的模范夫妻。

可当时的屠格涅夫正被强烈的爱情控制着，他根本不去在乎这种三个人的关系是多么的奇怪，更不去想如此继续下去的后果会如何，他要的只是真真实实、当时当刻的幸福与快乐。

对于屠格涅夫这种飞蛾扑火的行为，他的好友都深感担忧，这其中以别林斯基的担忧最为强烈。作为屠格涅夫的好友和人生的导师，别林斯基始终觉得阻止屠格涅夫这种失去理智的行为是他的责任与义务，他不能眼看着自己的好友将自己一生的幸福葬送在一个已婚女人的手里。可别林斯基也知道追求自己的爱情是屠格涅夫的权利，他必须在对这位痴迷的好友保持足够的尊重的情况下来旁敲侧击地点醒他。

1847年5月，别林斯基因病去德累斯顿做泉水疗养，去德累斯顿要经过柏林，那时屠格涅夫刚好在柏林，于是他就决定先去探访屠格涅夫。屠格涅夫对别林斯基的到来既感到惊讶又惊喜万分，并主动担当起了他的保姆，还郑重其事地写信告诉别林斯基的妻子，要她放心地把别林斯基交给自己照顾，对别林斯基的安危自己愿拿人头做担保。

在去德累斯顿之前，别林斯基曾尝试着以引用诗歌的形式来提醒屠格涅夫，暗示他如此苦苦地坚守着对波琳娜的爱是不正确的，是对自我人生的严重不负责。为此，他引用了大诗人普希金《埃及之夜》中的两句诗：一股幼稚的情欲，在年轻的心中激荡。他对他说："我们大家都非常爱你，特别是我。但每当我想起您，我的朋友，不知怎的，这两句诗就会出现在我的脑海中，而且挥之不去。我这么说可能会影响您的心情，但我非说不可，因为我们亲密的友谊在命令我去这么做。"

屠格涅夫非常明白别林斯基所说的两句诗的意思，也清楚地知道他说这两句诗的暗示意义。虽然别林斯基没有提起关于波琳娜的只字片语，但他知道他所指的除了她不会有别人。在上面的暗示中，别林斯基把屠格涅夫比作与弗拉维伊·克利顿一同接受克莱奥派脱拉邀请的年轻人：他的双眸闪耀着兴奋的光芒，一股幼稚的情欲在年轻的心中激荡，骄淫的女皇把忧郁的目光投落在他身上。如此纯真的年轻人因受情欲的唆使而迷失了自我，实在令人惋惜。

为了使伊凡·谢尔盖耶维奇明白，年轻人接受克列奥派脱拉的邀请是多么的缺乏理智，别林斯基还隐晦地对屠格涅夫说："我的奥加丽在她的《图画世界》里找到了一幅画，上面画着很多疯子，他们各有各的疯癫样子，当她看见其中那个坐在扶手椅里、单手支着下巴的，便连忙指给我们看，并对我们说：'别看她漫不经心，她脆弱的心灵却多多少少被击中了要害！'我想这对您来说也不是很中听。"

别林斯基就是如此的煞费苦心地想要挽救屠格涅夫，对于他的努力，屠格涅夫是听在耳里，记在心里，他为自己有这样一位忠贞的朋友感到欣慰。他也曾下定决心要结束这场可笑的三人游戏，但一切努力在波琳娜出现后就全部烟消云散了。

在他们到达德累斯顿的当天，屠格涅夫就强"拉"着别林斯基去歌剧院，因为他知道波琳娜正在那里扮演动人的角色。当晚那里正在上演梅耶伯尔的《胡格诺教徒》，在该剧中，波琳娜·维亚尔多扮演的是瓦莲金。对于别林斯基先前苦口婆心的劝说和暗示，在听到波琳娜三个字后就全都不见了踪迹，处于兴奋中的屠格涅夫早已把它们抛到九霄云外去了。

屠格涅夫曾不止一次地看过这部歌剧，但在当晚仍看得非常投入，而且一直在不停地称赞它，发现它的新优点。他认为维亚尔多夫人（即波琳娜）唱得非常动人，观众一再地要她谢幕，欢呼着让她返回舞台，就足以证明这一点。

屠格涅夫对波琳娜的爱已经达到了痴迷的程度，这让别林斯基大为震惊，在多次劝说无效后，别林斯基只好无奈地看着自己的朋友继续沉迷下去。"也许他注定要孤独终生！"病中的别林斯基实在没有精力再去关心屠格涅夫的情感世界，只好以命中注定为由来消减自己对朋友的担忧。

3. 无法言说的痛

"据我所见,您是这芸芸众生中最美好的人,在人生的旅途中能与您邂逅,是我一生最感荣幸的事,我对您的忠贞和热忱是无休止的,除非它们随我一同消亡。"

以上引自屠格涅夫给波琳娜写的一封信,诸如此类的甜蜜语句还有很多。美丽的语句是如此的动人,仿佛是两个初恋中的男女在诉说情愫,但遗憾的是,波琳娜并不是那个待在闺中的少女,而是维亚尔多的夫人。作家的世界往往比平常人的丰富,因为他们其实是生活在两个世界中的人:想象的世界和现实的世界。

完美的波琳娜是生活在屠格涅夫想象世界中的人儿,在这个世界中,他们的精神是相通的,彼此都完整地拥有着对方,如同童话世界里的王子与公主一样过着幸福的生活。但一旦想象世界触到现实的礁石,一切美梦都会被惊醒:波琳娜是维亚尔多的妻子,他们的生活才是完美的。

尽管在波琳娜家里,屠格涅夫度过了许多愉快的日子,早上去打猎,傍晚去夕阳下的田野中散步,晚上围坐在一起享受家的温馨……这一切都让从小缺乏家的温暖的屠格涅夫沉醉不已,他觉得终于找到了自己梦想的家,与自己的妻子、孩子和朋友幸福而平静地生活在一起。然而,互道晚安后,波琳娜挽着自己的丈夫走进卧室的情景总会深深地刺痛他的心，告诉他他不过是别人家里的一名常客，这个家里的一切都不属于他。

与波琳娜一家生活得越久他内心的凄凉感就越深，他很想向自己的好友诉说自己内心的感受，就像他们以前讨论各自的作品那样。然而，他不可以这么做，因为他的朋友都不赞成他追随波琳娜，他们还不止一次地告诫过他，如果他仍执迷不悟，他将会在孤独痛苦中度过余生。对于朋友的忠告，屠格涅夫心里也有隐隐的忧郁感，于是，在给年轻朋友写信的时候，他常常鼓励他们早点结婚，"结婚吧，年轻人，你们无法想象单身汉的晚年是多么凄凉！"

随着年纪的增长，以及对波琳娜与其丈夫的了解增多后，屠格涅夫也有过组建自己家庭的打算，他曾与巴枯宁的妹妹倾心地交往过一段时间，他也曾爱慕过年轻的远亲姑娘，他还曾对列夫·托尔斯泰的一个妹妹用过情，甚至表露过向她求婚的意愿。她们个个都是温柔美丽的姑娘，她们也都是能够与他产生思想共鸣的红颜知己。在屠格涅夫的朋友们看来，无论他最终选择谁，都可以组建起一个幸福完整的家庭。然而，每当屠格涅夫与一个姑娘的感情进展到谈婚论嫁的时候，他就会犹豫，会退缩，仓皇地逃离自己编织的幸福之巢。

对于每一场恋爱，屠格涅夫投入的都是自己的真情实感，他也从与她们的交往中品尝到了爱与被爱的甜蜜。然而，每当婚姻的殿堂向他敞开大门的时候，他就会想起波琳娜，想起她那温馨的家。那种祥和的感觉，波琳娜的音容笑貌，悠扬的琴声……曾经的美好就如同诱人的清香一样，诱使着他逃离现实的幸福，急切地赶回到波琳娜身边，去享受那带有毒素的芬芳。

然而，离芬芳的玫瑰越近，就越容易被刺到。每当从一段感情中逃回到波琳娜身边时，屠格涅夫的内心都能享受到短暂的平静，重新沉醉在波琳娜家的温馨中。可过不了几天，短暂的平静就会被打破，他的内心就会再度陷入失衡状态，被矛盾的生活所折磨。在他给朋友的一些信件中，我们可以清楚地看到他内心的痛苦与迷茫。

1857年7月13日，在给兰伯特伯爵夫人的信里，他说："我感觉不好，决心离开这里，可是上哪儿去——不知道。"在他最终下决心离开波琳娜为他营造的那个虚幻的家时，却又不知应归向何处。"是的，夫人，我决定回去，回去就再也不来了。漂泊够了，流浪够了。"在信末他对伯爵夫人说。不知是什么样的刺激让屠格涅夫如此坚定地做出离开的决定。

由于身体的原因，屠格涅夫离开维亚尔多的庄园后并没有回俄国，而是去了波洛涅接受海水浴治疗。也许他想让海水冲走的不仅仅是身体的痛苦吧，心灵的折磨有时候比肉体的要难挨得多，他急切地想从这两种痛苦中解脱出来。

在接受海水浴治疗一个月后，他感到身心都轻松了许多，隐约中，他看到新的生活在向他招手。而就在这时，他接到了波琳娜邀请他去庄园做客的信，好不容易平静下来的心绪又开始慌乱起来：到底要不要接受邀请呢？他清楚地明白，如果接受波琳娜的邀请，再次回到她的身边，那他就是重蹈覆辙，片刻的幸福之后，痛苦和折磨就会再度降临。上次的伤痛好不容易减轻了，难道自己还会再去自寻烦恼吗？

但最终他还是接受了她的邀请，回到了那个曾经带给他温暖与幸福的地方。可刚到波琳娜家，他就有些后悔了。8月24日，他给好友涅克拉索夫写了一封信，信中他对自己的行为自嘲了一番："您瞧，我又回来了，也就是说我再次做了你一再提醒我不要去做的蠢事。……可我又有什么办法呢。"接着他又说："不过，这次干的蠢事将带来一个好的结果，那就是可能将我回彼得堡的日期提前。不得不承认，这日子没法再继续下去了。我受够了这种寄人篱下的生活。我没有自己的窝，而且我想我也许不需要拥有自己的窝。"

满心欢喜地回到波琳娜身边，满心伤痛、几近绝望地离开，然后再回去，再离开……这几乎成了屠格涅夫认识波琳娜后的不变的生活模式。在他们相识40年中，如此的模式不知重复了多少回。

1859年7月上旬，在给兰伯特伯爵夫人的信中，屠格涅夫这样倾诉到："我是从维阿尔多夫人这给您写信的。……我的身体好多了，但心情不佳。周围的人都过着正常的家庭生活……。我为何还要待在这里，既然已经离开了我所珍视的一切，为什么我还要将目光投向过去？我想您明白我所指的是什么，我的处境又是多么的尴尬。"

1859年9月23日，回到斯巴斯科耶后，屠格涅夫又给兰伯特伯爵夫人写信说："在我的心里，各种感觉纠结在一起，就像暴风雪中飘洒的一大团雪花。我觉得回老窝是我明智的选择，然而，与此同时，我又感到深深的忧伤，昔日的恋情更加强烈地在我的心底涌动，让我不得片刻安宁。"

像这样的信件，屠格涅夫写过很多，他内心的苦痛实在无法压抑了，他再也无法像年轻的时候一样，完全生活在对波琳娜一厢情愿的感情世界里了。二十多年中，屠格涅夫亲眼见证了自己许多朋友走进婚姻的殿堂、组建起自己的幸福家庭、孕育出聪明可爱的孩子，而他却依然是茕然一人。对家的渴望与对波琳娜的无望的爱，在屠格涅夫心里来回晃动着，让他永远无法寻到真正的平衡。

在"夫妇三人"这种奇怪的关系中，还有一个人物我们不应忽略，他就是波琳娜的丈夫——维亚尔多，是他在无意中将屠格涅夫引进波琳娜的世界的，在屠格涅夫与波琳娜这段看似友谊又胜过友谊的关系中，他扮演的却仿佛是他们共同的朋友，对他们频繁的书信来往，以及屠格涅夫的频繁造访与久住，他好像并没有表现出应有的烦感，更没有像普希金那样，为了捍卫自己的尊严和爱情而拿起手枪与情敌决斗。

对此，外界有两种截然不同的猜测，有的人说是因为他的大度与高尚，说他是因有把握抓住妻子的心，所以才没去破坏这段旷世的情缘。而有的人的猜测则与之相反，认为不是他不想阻止他们，而是他无力阻止。面对比自己年轻20岁的名人妻子，他不能像普通人的丈夫那样限制她的交际圈，但他也不会对他们坐视不管。屠格涅夫在给友人的信中所诉说的痛苦，应该有一部分是与他有关的。

4. 最后的赞歌

岁月不饶人，尽管波琳娜的歌声曾轰动整个欧洲，但随着时光的流逝，她隐隐觉得自己的舞台魅力在渐渐消失，于是，就主动退出了舞台。1864年6月，维亚尔多一家举家搬迁到了德国的巴登巴登，在这里波琳娜开办了一所歌剧学校。

从1843年到1864年，屠格涅夫与波琳娜已经相识二十多年了。在这二十几年中，屠格涅夫尝到过爱与被爱的甜蜜，也饱受了所谓"夫妇三人"的三角恋关系的折磨。波琳娜一家搬迁到巴登巴登，对他来说完全可以作为结束这种奇怪关系的契机，然而，他却没有那么做，而是顶着各种压力，追随她到了巴登巴登，他对波琳娜的爱与依恋再次战胜了他的理智。

与先前不同的是，屠格涅夫不再寄人篱下，与维亚尔多夫妇生活在同一个屋檐下，而是拥有了自己的房子。

维亚尔多举家搬迁到巴登巴登后便在那买了一套房子，不久，屠格涅夫便在他们房子不远处买了一块地，并建起了一座两层的俄式小洋楼。两家的房子相隔得非常近，于是，傍晚的原野上又出现了三人漫步的情景，波琳娜举办的沙龙上，屠格涅夫又成了活跃的一分子。白天写作，傍晚与维亚尔多夫妇一起散步，夜晚降临时，各自返回住所休息，这种井然有序的生活让屠格涅夫的内心又找回了宁静，他荒废了一段时间的写作事业又迎来了旺盛期。

定居巴登巴登后，屠格涅夫就很少到处游荡了，只是每年偶尔回国两三个月，与自己的朋友聚一聚，打理一下庄园的事务。能够经常见到波琳娜，又能够高效地从事创作事业，这让屠格涅夫感到非常满足。更让他欣慰的是，他唯一的亲人——女儿波丽奈特结婚了，而且他对这个女婿非常满意，认为他是个值得信任的年轻人。

如果生活就这么美好而平静地继续下去，屠格涅夫的晚年应该会少许多凄凉，至少他可以常常见到自己的亲人——女儿波丽奈特，然而，好景不长，整个巴登巴登就笼罩在了战争的恐怖氛围中。1870年普法战争爆发了，战场的硝烟虽未燃烧到巴登巴登，但战争的恐慌却让他们心神不宁。

在普法战争期间，屠格涅夫非常关心战场的情况，总是通过各种途径搜集有关前线的信息，并将这些信息运用到自己的小说创作中，创作出了诸如《草原上的李尔王》之类的以战争为题材的优秀作品。

战争结束后，波琳娜一家又搬回了法国巴黎，屠格涅夫也依依不舍地追随了去。在巴黎的一个小镇布日瓦尔，他们合买了一幢乡村别墅，命名为"棕树别墅"，于是，他们又同住在了一个屋檐下，"夫妇三人"的尴尬局面又出现了。不过现在，屠格涅夫已经可以坦然地面对这种微妙的三人世界了，30年的岁月已将他年少时的激情打磨成了深沉的不露声色的爱。

定居巴黎后，屠格涅夫结交了许多法国的作家，他经常与他们相互拜访，互通书信，共同探寻创作的奥妙以及翻译一些优秀的作品。当然，与维亚尔多夫妇共同的家里也是非常热闹的，由于波琳娜巨大的影响力和独特的魅力，他们的家几乎成了法国音乐人的集会圣地，几乎全法国的音乐界知名人士都曾是他们家的座上宾。

热闹而繁忙的生活让屠格涅夫感到充实，他也加紧了自己的文学创作。最后的长篇小说《处女地》就是在定居"棕树别墅"后不久完成的。在晚年，屠格涅夫除了创作小说，还创作了一批散文诗。屠格涅夫曾戏称自己的散文诗是一些小玩意儿，每当完成一首这样的"小玩意儿"，他都会读给波琳娜听，波琳娜觉得他的这些散文诗写得非常好，就鼓励他一直写下去。

尽管晚年的屠格涅夫勉强有了一个让他可以安心创作的"家"，但他的晚年过得并不轻松，女儿不幸的婚姻让他心力交瘁，脊髓癌更是折磨得他痛不欲生，让他连坐着写作都非常困难，很长一段时间只得卧床休养。在他生命的最后那几十天，波琳娜一直陪在他身边，照顾他，这对屠格涅夫来说是莫大的安慰，多少可以减轻他内心和身体上的痛苦。

即使饱受病痛和心灵的折磨，屠格涅夫也没有放弃写作。相反，他仿佛预感到了自己的时间已所剩不多，就加快速度创作他的小说。可病痛已经把他折磨得连笔都无法握住了。还好，有波琳娜守候在他身边，做他忠实的听众和记录者。1883年6月，屠格涅夫用法语向波琳娜口述了自传特写《海上火灾》，并让她将记录稿寄给女作家阿·尼·卢卡尼娜，让她代自己完成这篇特写。

逝世前两周，被病痛折磨得痛不欲生的屠格涅夫又对守候在他身边的波琳娜说："我很想把我脑海中已构思好了的一部短篇小说写下来，但这太辛苦了，以我目前的状况恐怕是办不到了。"

"那您就向我口述吧。"波琳娜深知屠格涅夫的痛苦，她也不愿意让他再辛劳了，于是建议他让自己代劳。"俄语我用得不是很熟练，但如果您的耐心允许，我想我可以将您的口述记录下来的。"她补充说。

"不，不，"屠格涅夫连连摇头说，"如果我用俄语口述，那我就会不由自主地追求小说的文学性，为了找到合适的词句，我每说一句话、一个词都可能要停顿一会儿，但我觉得我所剩的时间已经不允许我那么做了。我想运用所有您与我都会的语言向您做陈述，您可以利用我寻找最好和最快的表达语句的时间，用您最熟悉的法语将我所说的内容记录下来。"

接着，屠格涅夫用法语，掺杂着德语和意大利语向波琳娜口述了他的短篇小说《末日》。"可怜的屠格涅夫，"波琳娜在给斯塔秀列维奇的信中写道，"口述这篇小说让他感到如此的快乐，以至于他想将他已经构思好了的一部卷帙浩繁的长篇小说也这样口述出来。可是，唉，他的病情进一步恶化了，对于他已经构思好了的鸿篇巨制，他只能勉强地吐出几个主人公的名字。"

临终前，屠格涅夫已神志不清，但当他迷蒙中睁开双眼，看到正俯身含泪亲吻他的波琳娜时，出人意料地吟出一句诗："你就是女王中的女王啊！"这是屠格涅夫为波琳娜送上的最后一首赞歌，也是他留给这世界的最后一句话。

可爱的作家用40年的光阴去追随自己可望而不可即的爱人，尽管承受过心酸，尽管受到过冷遇，尽管清楚地知道最终的结局，但他始终没有停止过追随的脚步。也许，这才是真爱，无欲无求、无怨无悔的爱。

第六章 曲折而辉煌的文学之路

> 我们的生命虽然短暂而渺小,但是伟大的一切却正由人的手所创造。人生在世,意识到自己这种崇高圣洁的任务,那就是他的无上快乐;正是在死亡中,他将认清自己的生命,自己的归宿。
>
> ——屠格涅夫

1. 半路夭折的哲学硕士考试

屠格涅夫很早就表现出了文学方面的才华,尤其是在诗歌方面,他曾在《祖国纪事》和《现代人》杂志上发表过数首短诗,虽然数量不是很多,但却给读者留下了非常深刻的印象。也许是像其他刚从事文学创作的年轻人一样,由于胆怯而不敢在作品中署上自己真实的姓名,屠格涅夫在早期发表的诗作中都署的是屠·卢,而不是他的全名伊凡·谢尔盖耶维奇·屠格涅夫。

虽然屠格涅夫热爱诗歌,也有创作天赋,但他却一门心思地想成为大学教授,而且是大学里的哲学教授。从柏林返回祖国后,他就为哲学硕士学位考试而忙碌起来,结果他发现在莫斯科大学根本没有人可以对他进行考核;哲学在尼古拉王朝并不受重视,甚至被统治者看作是自由思想的根源而大加压制。十二月党人起义后没过多久,政府就命令莫斯科大学撤销了哲学这门课程。莫斯科大学的哲学课直到15年后才得以恢复。

尽管莫斯科的现状让屠格涅夫很失望,但他并不打算就此放弃自己的理想。1842年3月底，他离开莫斯科前往彼得堡，并向彼得堡大学的校长晋列特涅夫提交了哲学硕士学位考试申请。彼得堡大学经过一系列考察，最终批准了屠格涅夫的申请。

申请受批准后，屠格涅夫就进入了紧张的备考阶段。为了能高效率地学习，他找到在彼得堡近卫军炮队服役的哥哥，请他代为寻找一处僻静的住所。哥哥把他带到了自己的寓所，并为他准备了一间舒适、安静的房间。

尼古拉在近卫军炮队服役，很少回家，所以住在他家里非常方便，也无人打扰。在哥哥家里，屠格涅夫阅读了大量的书籍和论文，为一星期后即将到来的第一场口试而做充分准备。

第一场口试定在4月8日。在此次考试中，屠格涅夫精彩地回答上了由考试委员会提出的所有问题，顺利进入下一场考试。由于深厚的哲学功底和扎实的语言基础，屠格涅夫过关斩将，一路绿灯地通过了哲学硕士学位的所有考试，希腊文学的考试还受到了考试委员会的一致好评。

虽然屠格涅夫在考试中表现非常出色，但他的哲学硕士梦还是破灭了，不是因为彼得堡大学不愿意接受他，而是因为政府下令大学撤销了哲学课。进修哲学硕士当大学教授之路被堵死之后，屠格涅夫一时找不到其他自己想为之奋斗的事业，为了打发闲暇的时间，他就将精力用在了文学创作上。他以前写过一些简短的诗歌，但从未写过长诗，于是，趁着考试后的闲暇时间，他准备尝试一下。

1843年对屠格涅夫来说，绝对是具有决定性的一年。在这一年中，他不仅结束了一条不属于他的路，更走上了一条充满鲜花、掌声和荣耀的路——文学创作之路。当时的屠格涅夫肯定想象不到这条文学之路会给他的人生带来那么多的辉煌，但正是这阴差阳错的转折，让人类文学史上多了一颗耀眼的明星。同样在这一年，他的文学奠基之作——长诗《巴拉莎》完成了。长诗的问世标志着他文学生涯的正式开始。

在创作长诗《巴拉莎》之前，他曾致信谢·阿·文格罗夫，在信中他说："我现在对自己以前写的那些短诗感到极其的、几乎是本能的厌恶。"

屠格涅夫对自己的要求非常严格，几近苛刻，他曾亲手烧毁许多习作的手稿，认为它们实在不能称为诗歌，就连曾经发表在报纸、杂志上的作品，在后来整理诗歌集时也被排除在外。

对作品的要求如此苛刻，对作品本身来说可能是不公平的，但对文学家或诗人来说，绝对是明智和值得赞赏的行为。正是在如此苛刻的要求之下，才有了长诗《巴拉莎》的问世，才有了他文学生命中的更多美丽篇章。但冥冥之中又注定了揭开俄罗斯的文学新史册的并不是他的诗歌，而是他的小说，这是他人生中又一个阴差阳错的转折点。

虽然奠定他一生荣誉的是他的小说，但早期的诗歌创作对他来说也是大有裨益的。诗歌是门十分精炼的艺术，对写作技巧和语言运用有着极高的要求。在进行诗歌创作的过程中，屠格涅夫的文字功底也得到了很好的锻炼，使得他可以轻松地驾驭丰富的语言，熟练把握语言的音乐美、形象性、简练性，并能极大地发挥它的表现力。

2. 志同道合的朋友——别林斯基

1843年是屠格涅夫一生中极富纪念意义的一年，不仅因为在这一年，他的长诗《巴拉莎》问世了，还因为在这一年里，他结识了一位对他的思想和创作产生重大影响的朋友和人生导师——别林斯基。

还在彼得堡上大学的时候，屠格涅夫就读了一些别林斯基的作品，虽然当时他非常厌恶别林斯基在评论文章中将自己喜欢的作品批评得一无是处，但他从内心深处还是非常钦佩他的，认为他评论得非常深刻、有见地。

屠格涅夫一直很期待与别林斯基相识，但一直苦于没有机会。终于，在1843年初，屠格涅夫打听到巴枯宁的妹妹有一位朋友是别林斯基的朋友，就央求她让她的朋友向别林斯基引见自己。

与杰出的批评家别林斯基第一次见面的场景令屠格涅夫终生难忘。在多年以后，屠格涅夫还能栩栩如生地描绘出当时的情景。在他的日记中，别林斯基的形象是这样的：个子不高，还有点驼背，容貌一般但气宇不凡，脸上的神情严肃、不安，透出他腼腆和孤独的性格；他思维敏捷，语速很快，但语气平淡。

以上是屠格涅夫刚见到别林斯基时所见到的样子，但在短暂的交流后，他发现他整个人都变了，满脸的严肃和拘束消失了，取而代之的是兴奋、喜悦和诚恳的神情，嘴角时常露出迷人的微笑，浅蓝色的眼睛里闪出熠熠光辉，说话精辟但却不刻意追求辞藻的华丽，更不因别人的认可而自鸣得意。

其实，在屠格涅夫去见别林斯基之前，别林斯基就已经对他有所了解，他们共同的朋友、激进的无政府主义者米哈伊尔·巴枯宁早已在多封信中向他介绍了他。虽然别林斯基很赏识屠格涅夫的学识，但一向谨慎的他不会轻易对他人产生好感，可经过一次见面畅谈后，他就深深地喜欢上了这个聪明、睿智的青年，并感到与他交谈是件非常愉快的事情。

"屠格涅夫的到来让他兴奋不已，在他的身上，别林斯基找到了许多他渴望拥有的品性，所以他强烈地眷恋着屠格涅夫。"别林斯基的朋友曾向人这样描述过屠格涅夫的到来给别林斯基带来的影响。

1843年4月，屠格涅夫应母亲的要求回到斯巴斯科耶庄园，在走之前他曾去拜访别林斯基，但当时别林斯基刚好不在家。后来别林斯基非常惋惜地给屠格涅夫写信说："亲爱的伊凡·谢尔盖耶维奇，再见了！真遗憾，我竟然未能与您道别。与您在一起，我总是可以思想活跃、畅所欲言。一段时间无法与您交谈，更让我深感与您相处的那段时间的宝贵。"

别林斯基的身体不好，一直受着肺结核的折磨，但每次见到屠格涅夫他都感到精神振奋，神情和气色也会变好许多。"我热爱和尊重我在彼得堡的所有朋友，但除了屠格涅夫，他们之中没有一个人可以左右我的情绪，让我精神昂奋，身心舒畅。我最推崇的人只有屠格涅夫一个"。"没有屠格涅夫的日子我感到非常孤独和凄凉，犹如失了伴侣的鸿雁。"别林斯基不止一次地写信告诉他的朋友他在精神上是多么地喜爱和依恋屠格涅夫。

在斯巴斯科耶庄园小住一段时间后，屠格涅夫就去了莫斯科，遵从母亲的意愿到佩罗夫斯基管辖的内务办公厅里担任文员的职务。

在内务办公厅，屠格涅夫的直接上司是弗拉季米尔·达里——著名作家和《现代大俄罗斯语详解辞典》的编纂者。

尽管屠格涅夫的官运不佳，在内务办公厅里并没有获得升迁，但因上司是文学界的大师，所以，相比之下，担任公务对他的文学创作更有裨益。

离开彼得堡之时，屠格涅夫曾给别林斯基送去一册他的长诗《巴拉莎》，但没有署名。那天因别林斯基外出，所以他就将诗稿交给了别林斯基的仆人，并没有留下自己的名字，只让他转交给别林斯基。

两个月后，屠格涅夫在《祖国纪事》这本杂志的五月号上看到了别林斯基对他的诗作的评论，评论文章既长又富有激情。大批评家别林斯基盛赞了署名为"屠·卢"的长诗《巴拉莎》的作者，称他是继普希金之后俄国诗歌的新希望。当时，真诚的评论家并不知道他所盛赞的人正是他极其喜爱的屠格涅夫。

当屠格涅夫看到别林斯基的评论文章时，窘迫之情远胜于喜悦，因为他从未想过自己的诗能得到别人这样的喜爱，而且是得到大评论家和好友别林斯基如此的喜爱和赞誉。盛誉来时屠格涅夫还未做好心理准备，而且好长一段时间他都无法接受这样令人兴奋的事实，以至于当他的朋友向他祝贺诗作的成功时，他竟仓皇地否认自己是屠·卢。

别林斯基一向以敏锐的直觉和极强的审美能力而受到人们的赞扬，他往往能一针见血地指出一部作品的优点和不足。在评价长诗《巴拉莎》时，他指出"这部长诗不同于俄罗斯诗歌史的任何一部作品"，"在它那并不复杂的情节中，蕴藏着令人着迷的极其丰富的内容以及馥郁、清新的绵绵诗意，只可意会，不可言传。"

别林斯基通过一部诗作就清晰地看出了屠格涅夫杰出的创作才华，并预言他的成就将非同一般。虽然在5年以后他就不幸去世了，没来得及见到屠格涅夫更优秀的作品，但他的预言一点也没有错，屠格涅夫确实开辟了俄国文学的新时代，不过不是在诗歌领域，而是在小说领域。

1843年至1845年，屠格涅夫一直在内务办公厅任职，与上司弗拉季米尔·伊凡诺维奇·达里交往甚密。与这位上司的密切交往，对屠格涅夫的文学生涯产生了巨大的影响，教会了他从俄罗斯人民丰富多彩的生活中汲取营养。

弗拉季米尔·达里对一切与人民的生活、语言有关的知识都非常感兴趣，尤其喜爱收集各地的民间故事和俚语。他曾利用自己的职权向俄国所有的地方官员下令，命他们搜集并整理所管辖地区的风俗习惯、民歌小调、谚语传说等。屠格涅夫与达里交往密切，必定有机会接触到他所收集整理的这些资料。也正是因为接触了这些资料，才让他改变了创作方向，向着更接近人民、接近现实的现实主义小说领域迈进。

由于特别喜爱屠格涅夫，别林斯基热情地将他介绍给了自己在彼得堡的文学圈子，并鼓励他积极为《祖国纪事》杂志、改组后的《现代人》杂志投稿，使他成为了这两个杂志的主要撰稿人之一。

别林斯基不仅鼓励屠格涅夫积极、勤奋地创作，还改变了他对作家这个职业的看法。他们共同的朋友阿芙多季雅·巴纳耶娃在她的回忆录中有过这样一段描述：1843年的一天，别林斯基在得知屠格涅夫因觉得领取稿费有损尊严而拒绝领取，宁愿把它们赠送给杂志社的编辑时，非常气愤。为此，还把屠格涅夫数落了一番："这么说来，您认为用脑力赚钱是可耻的，对吗？屠格涅夫，我真为您的无知感到痛心和羞耻！"别林斯基狠狠地责备他说。"脑力劳动与体力劳动一样，是神圣的，不尊重他们才是可耻的行为！"

从此以后，屠格涅夫再没有对自己的稿费抱过偏见。

屠格涅夫之所以对稿费抱有偏见，追根溯源，与他从小受到的家庭教育密切相关。他的母亲瓦尔瓦拉·彼得罗芙娜经常对他与他哥哥说："作家，作家算什么？作家与抄写员是一路货色，都是为了捞钱而浪费稿纸。有身份的贵族应该到政府里任职，以公务来谋得功名利禄，而不是闷在家里浪费稿纸。"正是由于母亲经常在他耳边絮叨这些话，才使他在思想里形成了轻视作家这个职业的观念，并发自内心地抵触稿费，认为那是在侮辱自己。

别林斯基的话彻底改变了他的观念，而让他将作家看作是一个神圣的职业，如同体力劳动一样，可以创造价值，也同样可以赢得他人的尊重与回报，接受稿费就是在接受他人的认可。他不仅自己改变了对作家这个行业的看法，还主动引导他所认识的那些青年作家，端正他们对作家职业的态度。

"我希望自己是作为一名文学家，而不是其他任何文学家以外的那种人死去的！"1855年，屠格涅夫在自己的作品中写道。列夫·托尔斯泰是他发现并一手培养出来的优秀人才，在他成长的路上，屠格涅夫扮演了导师的角色，如同别林斯基在他的文学生涯中扮演的角色一样，他曾多次与列夫·托尔斯泰长谈，鼓励他全心全意地投入到文学创作中，将自己看作是高尚的专职作家，像工人一样"站在车床旁干活"。

屠格涅夫与别林斯基的纯洁友谊持续了大约5年，1848年，伟大的批评家因肺结核不治身亡，友谊猝然中断。别林斯基的离开令屠格涅夫伤心不已，并认为在这个世界上再也找不到像别林斯基那样了解自己的人了。

3. 走入文学阵营

作为作家，屠格涅夫的经历是令所有文学爱好者羡慕不已却无法企及的。在同一时代的所有作家中，找不出第二个像他那样幸运的，能够在人生的道路上遇见、结识那么多优秀的、卓有成就的人并与他们建立起深厚的友谊。

在青年时代，他与大诗人茹科夫斯基、普希金有过交往，虽然不过是一面之缘，但已足以令许多人向往不已。他还与果戈理、莱蒙托夫和柯尔卓夫等这样一批前辈作家交好，并从他们那里汲取了文学创作上的精华。在大学时代，他与一批初露锋芒的社会活动家交往甚密，格拉诺夫斯基、斯坦凯维奇、巴枯宁等这些后来蜚声政坛的社会活动家都曾是他的密友。中年时期，他刚进入文坛就遇见了别林斯基，并通过别林斯基的引荐而进入了当时俄国著名作家的文学圈，与俄国文学未来的精华——优秀作家赫尔岑、涅克拉索夫、冈察洛夫、陀思妥耶夫斯基、格里戈罗维奇等相识并结下深厚友谊。

优秀作家和社会活动家只是他结识的优秀人物中的一部分，若列举出屠格涅夫一生中所结识的全部作家、音乐家、演员、画家、学者的名字，就如同在将那个时代俄国与西欧的科学、文学、艺术上的几百个最优秀的人物名字呈现给世人。

19世纪40年代中期，围绕在大评论家别林斯基周围的优秀作家们就开始意识到他们很有必要创办一份属于自己的杂志，并且，与安·克拉耶夫斯基相处的越久他们就越强烈地想这么做。在创办属于自己的杂志之前，他们从属于《祖国纪事》，是该杂志的签约撰稿人。《祖国纪事》的发行人安·克拉耶夫斯基是个贪得无厌的人，一直以统治者的姿态压榨和剥削别林斯基他们，这让他们无法忍受。

他们想创建一本新的杂志，但当时政府正限定杂志的数量，因此不同意他们新创杂志的申请，他们只得退而求其次，去争取某一本已申请出版了的杂志的出版权。他们了解到大诗人普希金所创办的《现代人》杂志，在大诗人去世后，后来的接管者普列特涅夫因经营不善而使杂志的质量和销量都大大降低，正陷于困顿状态。别林斯基他们一致认为去争取《现代人》杂志的出版权是再好不过的事情了。

《现代人》杂志的经营者也正因找不到出路而痛苦，对于别林斯基他们的出现自是高兴万分，双方在经过一系列协商后，对方同意将《现代人》杂志的出版权转让给别林斯基他们。

在争取《现代人》杂志的出版权和重振它的影响力方面，屠格涅夫的功劳是不容忽视的。他为了版权的事到处奔走，发动自己的交际圈，寻求各种帮助。在取得杂志的出版权后又积极撰稿，以一系列优秀的作品为《现代人》赢回了一大批读者。

争取到《现代人》杂志的出版权后不久，整个彼得堡就陷入了酷夏的炎热中，烦闷的天气让作家们无法静心创作，所以他们决定休息一段时间，先避过炎热的夏季再进行杂志的重振工作。别林斯基和演员米海伊尔·谢普金去了俄国南部，涅克拉索夫同巴纳耶夫一道去了他在喀山省的庄园，屠格涅夫则回到了故乡斯巴斯科耶。

在屠格涅夫动身回斯巴斯科耶前，别林斯基一再提醒他不要忘记自己的承诺，为《鳄鱼》文集创作几篇优秀的文章。

"这个夏天请您不要过分地迷恋打猎，给创作留出些时间吧！您的小说可不要太简短，要充分展示您的才华才好！"别林斯基担心酷爱打猎的屠格涅夫会扛起猎枪忘了笔杆，在分别后不久就写信提醒他。

4. 潇洒的猎人

屠格涅夫酷爱打猎，只要扛起猎枪，他就会抛却一切杂念，不知疲倦地在丛林中奔走。1846年的夏天和秋天，屠格涅夫打猎的兴致极其浓厚，尽管别林斯基一再提醒他不要丢下自己的笔，记得抽时间写几篇小说，但在那年夏天和秋天他整天都忙于打猎，连小说的一个片段都没有写。当然,不是他想背弃对朋友的许诺,只是打猎活动让他实在无法静下心来写作,或者说他心中有太多的东西需要消化、沉淀,不是仓促就可以写就的。

俄罗斯男人都热爱打猎,在斯巴斯科耶,屠格涅夫找到了一个极好的打猎同伴——切尔恩斯克县地主的农奴猎人阿法纳西·阿利法诺夫。阿利法诺夫是猎取野物的行家,在他所生活的那片区域,没有哪个人能在这方面胜过他。他能徒手捉鱼虾,凭感觉追踪野禽,吸引来鹌鹑,驯服山鹰,捉住树林中歌喉最婉转的夜莺。有他作伴,屠格涅夫的打猎活动就更加充满乐趣。

屠格涅夫非常欣赏阿利法诺夫的捕猎才能,也非常喜爱他热情、诚恳的为人,就出钱帮他赎身,还为他在距斯巴斯科耶庄园差不多5俄里的树林里建了一座小木屋。屠格涅夫经常光顾阿法纳西·阿利法诺夫的小木屋,喝茶、聊天、谈打猎与生活,他们相处得非常愉快。

虽然打猎耗费了屠格涅夫整个夏天和秋天的时间,但从长远来看这是非常值得的。打猎让他有机会去亲近俄罗斯人民,了解他们的生活与心灵,还可以遍览农村的各处美景。在阿利法诺夫的引导和陪同下,屠格涅夫手持猎枪几乎走遍了奥廖尔省以及几个与它毗邻的省份的每一个角落。

在到处打猎的同时,屠格涅夫还会顺便去游览途经的偏僻村落,拜访当地的地主,亲近猎区的守林人。观察和记录所遇到的农民与地主的生活,探寻俄罗斯农民语言的美妙之处,这些都为屠格涅夫的打猎活动增添了无限乐趣。

屠格涅夫一直沉浸在打猎与亲近俄罗斯人民的活动中,直到寒意料峭的深秋降临，林子里的猎物没了踪迹为止。转眼间离开彼得堡已经半年了，屠格涅夫觉得到了该回去的时候了。于是，他收拾起行囊重新站在了那帮志同道合的朋友身边。

屠格涅夫刚一到彼得堡就得知了一个好消息，朋友们几经努力，争取《现代人》杂志版权的问题已完全解决，可以正式开刊了。为了让每一期的《现代人》都"充满生气和正确的方向"，别林斯基一再地呼吁他的朋友们加紧创作，为杂志奉献出自己所有的才华。对屠格涅夫，他当然会有更高的要求与更多的期望。

屠格涅夫向别林斯基保证自己会全力支持他的工作，为《现代人》献上值得回味的"贡品"。

"我现在非常忙，几乎没有时间去会见朋友。我像个蛰居的隐士，将自己埋没在从世界各地搜集来的珍贵书籍中。"屠格涅夫在给好友维亚尔多的信中这样写道。

屠格涅夫空手回到彼得堡时，别林斯基见了非常的不高兴，认为他一直沉迷于打猎而荒废了时间，辜负了他的嘱托。当时的别林斯基并不知道屠格涅夫的那段打猎生活对他的创作生涯是多么的有价值。不仅是别林斯基，恐怕连屠格涅夫本人在最初阶段也没能意识到那段打猎生活给他带来的是多么大的收获。

整个夏天和秋天的打猎生活在屠格涅夫的脑海中留下了许多宝贵的东西，当他在彼得堡静下心来回味那段生活时，许多动人的故事就闪现在了他的脑海中，拿起纸笔，在沙沙的摩擦声中，数篇优秀的小说作品诞生了。他将写就的几篇小说以《猎人笔记》这个名字总括起来，使它们成为一个系列。

《猎人笔记》的前几篇一经发表就赢得了读者的一致好评，

许多读者来信询问《猎人笔记》会不会这样一直续发下去。《现代人》杂志的销量也因屠格涅夫的几篇小说而猛增。

屠格涅夫的《猎人笔记》系列小说的前几篇一经发表就取得了轰动性的效果，然而他在打猎期间收集到的材料是如此的丰富多彩，岂是那几篇小说就能涵盖了的？在随后几年中，屠格涅夫又陆续写出了很多篇与农村生活有关的小说，并结集发表，从而形成了开启俄罗斯文学新时代的短篇小说集《猎人笔记》。

尽管屠格涅夫脑海中有无数的东西亟待表达，但当时俄国社会的现状压得他透不过气来，让他根本无法静心写作，他越来越强烈地感觉到西欧之行的迫切性。

"我无法与我所憎恨的事物同呼吸一片空气，同生活在一个地方。单从这方面看，我是缺乏忍耐力和坚毅的性格的。我必须与我的敌人分开，以便我可以从远处更有力地对他进行攻击。在我的心里，我的这个敌人形象非常鲜明，名字更是如雷贯耳，他就是农奴制度。在他的统治范围内，我搜集和整理出了他的一切罪行，我有信心和决心与他斗争到底——永不妥协。这是我立下的汉尼拔誓言。我去西欧正是为了更好地践行我的誓言。"面对朋友的疑问，屠格涅夫这样解释。

屠格涅夫深信，如果他继续留在俄国，他脑海中聚集的所有资料都可能被侵蚀掉，从而让《猎人笔记》没有了续集。

当年，果戈理坚定地离开俄国也是出于这样的原因。但在屠格涅夫出国之前，应别林斯基的请求，他还应至少写出几篇像样的小说、评论或者杂文、诗歌等作品，以稳固《现代人》杂志在读者心中的地位。

"我现在在拼命地写作，我承接了一些任务，我想出色地完成这些任务，而且我相信我可以完成。"1846年12月，在给波琳娜·维亚尔多的信中他这样写道。

屠格涅夫为《现代人》杂志创刊号所写的小说名字叫《霍尔和卡里内奇》。杂志创刊号刚出版不久，他就离开俄国去了柏林。

"当您准备离开时，我就已预感到我会因您的离去而失掉很多宝贵的东西，但在您离开后，我发现我所失去的比我预想的要多得多。您午饭前的造访与午饭后的闲聊犹如灵丹妙药，让我可以延年益寿。您走后，我的身心都陷入了极度的惶恐和悲观中，我的一生从未像现在这样无聊过。"屠格涅夫出国后不久，别林斯基就给他去信，诉说自己对他的思念。

"恐怕连您自己都不曾想到《霍尔和卡里内奇》是篇多么优秀的作品。读者一致称奇！我从《霍尔》这篇小说就能判断出您的前途将是无量的。您将在小说领域取得大丰收。"别林斯基对屠格涅夫的辉煌未来充满了期待。

显然，屠格涅夫找到了自己的用武之地，走上了一条真正适合自己的道路。

第七章 贫穷与富贵

> 你想得到幸福吗？那你得先学会受苦！
>
> ——屠格涅夫

1. 游走在贫困线上的地主少爷

自1848年爆发二月革命之后，法国的巴黎一直沉浸在混乱的局面中，身在巴黎的屠格涅夫亲眼看见了当时的混乱情景。瓦尔瓦拉·彼得罗芙娜早就对儿子长期滞留国外感到不满，巴黎的霍乱更让她找到了催儿子回来的理由，她一再地写信给他，要他收拾行装赶快回国。对于母亲的要求，屠格涅夫虽不敢明目张胆地违背，但总是将归期一拖再拖。屠格涅夫一再推后回国日期让瓦尔瓦拉非常不满，她决定采取强硬手段——停止给儿子寄生活费，逼他回国。

屠格涅夫虽早已成年，但他并没有固定的收入，也没有稳定的经济来源，所有庄园和土地都是他母亲的。杂志社会付给他一定的稿酬，但对于他过惯了的奢侈生活而言，那点稿酬不过是杯水车薪，实在难以让他继续过舒适、奢华的少爷生活。因此，对屠格涅夫来说，母亲的这一决定无疑是抓住了他的要害。

母亲中止给他寄钱后不久，屠格涅夫的生活就陷入了困顿状态。由于是初露锋芒的作家，杂志社给他的稿费都不高，微薄的稿费甚至难以维持他基本的生活。但他并不愿意向母亲低头，如她期望的那样乖乖地回到她身边，因为在法国有他心爱的女人维亚尔多夫人，为了能时常一睹她的芳容，就算饱受贫困他也愿意。

屠格涅夫当时贫困到了什么程度，无人可知，因为他从不向他的朋友诉说自己的困境，更不愿意向他们伸手借钱。但从一些事情上我们还是大致可以猜测到他的处境的。有一次，《现代人》杂志给他汇去了三百卢布的稿费，收到稿费后屠格涅夫高兴不已，连忙给杂志社的编辑写信，感谢他及时地给自己汇来了稿费，让自己不致被饿死。屠格涅夫曾以接受稿费为耻，但现在却高兴不已，这足以说明贫困对他的威胁有多大了。

1850年春天，混乱的巴黎又开始流行起霍乱。由于累月的暴动和战乱，许多医院都废弃了，在霍乱流行的时候，医院就显得更紧缺了。大批患霍乱的人因得不到及时的救治而死去，接送遗体的灵车都不够用。

霍乱加剧了屠格涅夫的困境，让他开始犹豫要不要先回国避一避。他在巴黎租的房子快到期了，但他实在筹不出钱去续租，面对种种困境，屠格涅夫只好选择回国。

在回国之前，他去拜访了好友赫尔岑。去拜访赫尔岑那天，天气异常闷热，加之心情的苦闷，屠格涅夫觉得自己快要窒息了。在赫尔岑的建议下，他们去河里洗澡消暑。屠格涅夫原本只是觉得胸闷，透不过气，但洗澡回来后，他觉得浑身难受，喝了些加葡萄酒和糖的苏打水后就去睡觉了。

半夜的时候，屠格涅夫被病痛折磨醒了，他勉强起身去敲赫尔岑的门，告诉他说："我怕是好不了了，我觉得自己得了霍乱。"

屠格涅夫难受的表情吓了赫尔岑一大跳，从屠格涅夫的症状看，他也觉得他得的很有可能是霍乱。于是，他扶他回卧室躺下，又为他调制了一些苏打水让他喝下，然后回去叫醒妻子和孩子让他们收拾行装。

第二天一大早,赫尔岑便把妻子和孩子送到了离巴黎市区不远的一个农村,让他们先避一避,自己则留下来看护病中的屠格涅夫。

令人感到欣慰的是,屠格涅夫一向身体健康,所以霍乱并没有击垮他,在赫尔岑的精心护理下,差不多10天的时间,他就出现了好转的情况。又经过十几天的疗养,他就从霍乱中完全康复了。

康复前不久,屠格涅夫又收到母亲瓦尔瓦拉·彼得罗芙娜的来信,催他尽快回国,他也收到了哥哥尼古拉的信件,信中哥哥恳请他回国与自己一同向母亲提出分财产的事。尽管屠格涅夫与其哥哥尼古拉是大地主瓦尔瓦拉·彼得罗芙娜仅存的两个孩子,且早已成人,但她为了控制他们,将他们拴在自己身边,连一丁点的财产都没分给他们。她始终像对待小孩子一样对待他们,在自己高兴的时候给他们一些零花钱,不高兴时就一分不给。

屠格涅夫已经品尝过了没有钱的滋味,一文不名的地主少爷可不是好当的,但他更同情哥哥,毕竟哥哥是已经有家室的人,需要养活妻子和几个孩子,母亲如此苛待他们实在让他看不过去。"必须与她好好商讨一下!"想着自己与哥哥的处境,屠格涅夫暗下决心。于是,他去信给母亲,请她给自己寄回国的路费。见屠格涅夫终于屈服打算回国了,瓦尔瓦拉·彼得罗芙娜非常自得,就很快给他寄去了路费,并说会去莫斯科等他。

此次回国屠格涅夫还受赫尔岑之托,帮他带回俄国一些进步的书信和文稿。赫尔岑是反农奴制者,一直呼吁俄国的农奴们站起来,挣脱地主的枷锁,追求平等、自由的生活,因此,他早已名列俄国政府通缉的名单，他的书信和文稿更是俄国政府查禁的对象。屠格涅夫这次为赫尔岑传递他与俄国反农奴制者之间的信件和文稿，是冒着极其大的危险的，如被发现，极有可能被视为同党而关进监狱。

尽管屠格涅夫知道替赫尔岑传递书信非常危险，但他仍答应了朋友的请求，因为他也同情农奴的处境和痛恨地主的残忍，想为破除这不平等的社会尽一分力。

除了给赫尔岑当过"特别信使"，屠格涅夫还曾为好友、无政府主义者巴枯宁当过。他冒险为他们传递信件和文稿，帮他们照顾滞留在俄国的亲眷，但最终却被他们深深地伤害了。因为"三十二人"事件中屠格涅夫向沙皇上表证明自己没有反叛政府的思想和行动，这让赫尔岑和巴枯宁等人非常气愤，认为他背叛了他们的友谊，于是宣告从此与他断绝一切关系，并为以前与他的交往感到可耻。

事实上，屠格涅夫只是想尽快摆脱俄国政府的纠缠和传讯，并不是真心归附政府的领导，而且，在他上的表中他并没有提及任何可能伤害到他们的事情，只是夸张、违心地说自己是温顺的民众，绝不会做违背政府规定的事。当他见到赫尔岑他们在报纸上刊登的绝交声明时，心痛不已，感到委屈极了。

2. 母子间的谈判

1850年6月，在国外漂泊了3年多的屠格涅夫回到了莫斯科。瓦尔瓦拉·彼得罗芙娜如她在给屠格涅夫的信中说的那样，在莫斯科等待他归来。屠格涅夫3年多来的变化让所有认识他的人都感到震惊，才刚刚36岁，他就已经两鬓如霜了，不过神色倒还依旧。瓦尔瓦拉见到久别多年的儿子，高兴得两眼含泪，亲吻屠格涅夫的脸。

屠格涅夫当时在文坛的名声已经很大，得知他回国，许多人都慕名来拜访他，请他赴宴。尽管交际繁忙让他很少有机会与家人共进晚餐，但每天下午两点以前，他都会留在家里，陪母亲聊天、散步。屠格涅夫的孝顺让瓦尔瓦拉·彼得罗芙娜非常欣慰，同时，他在文坛上的成就也让她非常自豪。

和谐、温馨的家庭氛围让在国外漂泊多年的屠格涅夫感到舒心，但这种欢乐的家庭气氛并没能持续太久，差不多在7月初，也就是在屠格涅夫回国一个多星期后，被久别相见时的欢乐所掩盖的矛盾就都显现出来了。

哥哥尼古拉的处境越来越困难，贫困已将他一家人逼得连维持正常生活都不能了，所以在屠格涅夫回国后一周，他就无奈地向他展示了自己与家人的困境。尽管已经回国，每天都有人拜访、宴请，但屠格涅夫的经济状况并没有改善，依然手头拮据，有时应邀去朋友家聚会，他连想买瓶葡萄酒回馈人家的想法都无法实现。

更有甚者，有两次他从朋友家回来，在路边雇用了马车却没钱付车费，马车送他到家后，他不得不向仆人借钱来付费，这让一向自尊心很强的他颜面尽失，在仆人面前抬不起头。

他们被贫困折磨得不得不向母亲索要早该属于他们的财产，为了不惹恼瓦尔瓦拉·彼得罗芙娜，他们以极其恭顺的态度请求她拨给他们一笔最低限度的、稳定的生活费，好让他们知道自己可支配的金钱的数目，以便合理分配使用，免得他们因一些零钱、小事来烦扰她。

瓦尔瓦拉·彼得罗芙娜听了儿子的话并没有发火，还非常赞同儿子的想法，认为他们的请求合情合理，自己早该给他们规定一个合适的经济来源了。母亲的态度让屠格涅夫他们非常高兴，事情进展得如此顺利大大出乎他们的意料，他们本以为母亲会为此大发雷霆的。

可事情并不像屠格涅夫他们想象的那么简单，瓦尔瓦拉·彼得罗芙娜欣然答应了他们的请求，却只是开了张空头支票，并不打算真的履行允诺。可天真的屠格涅夫兄弟俩却从未怀疑过自己的母亲，一直耐心地等待母亲对他们的馈赠。随着等待时间的延长，他们对母亲的信任一点一点在减少，直到这样毫无下文地过了数天，他们的耐心被耗尽了的时候，才看清母亲对他们的承诺不过是哄他们开心罢了。

被玩弄的感觉让屠格涅夫非常难受，但为了从母亲那争取到经济来源，他仍不得不压抑住自己的情绪，平心静气地再去找母亲商谈。

"妈妈，我来求您不是为了我自己，而是为了尼古拉大哥。我写点东西或者翻译些作品总能有点收入，没有您的资助，日子至多过得清苦点，但绝不至于流落街头或饿死，可哥哥没有任何经济来源，如果少了您的资助，他们一家人很快就要挨饿了。一个富甲一方的母亲却让自己的儿子连一日三餐都没有保障，您不觉得这会让人难以接受吗？"屠格涅夫终于再次鼓起勇气，到母亲房间请求她履行自己的诺言。

"放心吧，我会安排好的，给你们兄弟俩一个满意的答复的！"瓦尔瓦拉·彼得罗芙娜躺在摇椅里，眯着眼睛对屠格涅夫说。

屠格涅夫的再次请求果然起效了，第二天，瓦尔瓦拉·彼得罗芙娜就命莱昂——家里的文秘总管起草了两份庄园馈赠书：瑟乔沃村赠送给尼古拉，卡德诺耶村赠送给伊万（屠格涅夫的名字）。这本应是件令屠格涅夫兄弟俩高兴的事，但事实上他们一点都高兴不起来，因为那两份馈赠书不过是写在草纸上的几句话而已，根本没有经过正规法律手续。

文秘总管莱昂在奉命写完馈赠书后，当即就提醒太太瓦尔瓦拉·彼得罗芙娜说："尊敬的太太，如果不按照法律程序进行公证的话，您的馈赠书在法律上是无法生效的。"

"我知道！"瓦尔瓦拉·彼得罗芙娜冷冷地回了他一句，然后就闭起眼睛躺在躺椅里不说话了。见状，莱昂只好默默退出女主人的房间。

见到母亲召文秘总管过去，屠格涅夫猜测一定是母亲让他起草馈赠文件去了，心里暗自高兴自己的话起作用了。

过了两天，瓦尔瓦拉·彼得罗芙娜把两个儿子叫到自己房间，给他们读了自己的庄园馈赠书，并向他们展示了底稿。

"现在你们总该满意了吧？"瓦尔瓦拉·彼得罗芙娜摇晃着手中的馈赠书问屠格涅夫兄弟俩。

尼古拉低着头一言不发，屠格涅夫的嘴角机械地上扬了一下，对母亲说："当然满意了，妈妈，不过要是您能够履行手续的话，我们不仅很满意，还会非常感谢您呢。"

"履行手续？还要履行什么样的手续啊，我不是满足你们的要求了吗？"瓦尔瓦拉·彼得罗芙娜装作很无辜的样子反问屠格涅夫。

"这还需要我解释吗？履行什么样的手续您心里清楚得很。您要是真心对我们好，就一定知道需要去履行什么样的手续的。"屠格涅夫对于母亲揣着明白装糊涂的伎俩非常了解，以前他总会视而不见，但现在他不能再如此了。

"我一点都不明白，伊万，你到底还想要我为你们做什么？我已经给了你们俩每人一座大庄园……我不明白你们还有什么不满足的。"瓦尔瓦拉·彼得罗芙娜一向喜欢以"我不明白"四个字来推卸责任或躲避她不愿意处理的事情。很显然，她这次故技重施了。

对于母亲的这点伎俩，尼古拉一点法子也没有，只能干生闷气。一向能言善辩的屠格涅夫这次也无语了。他默默地背着手在房间里踱了一个来回，然后头也不回地走了出去。

"尼古拉，你看你那亲爱的弟弟是什么态度？"瓦尔瓦拉·彼得罗芙娜因屠格涅夫的离开而不满，气愤地指着屠格涅夫离去的背影问尼古拉。

虽然事情明明是因她而起，但她仍故意装糊涂，想把对母亲不敬的罪名安在屠格涅夫头上，以便在以后的母子谈判中夺得主动权。

一直默默低头坐着的尼古拉听到母亲的问话就站了起来，他伸出双手，嘴巴微张，想要对母亲说什么，但最终把手一甩，一个字也没说就冲出了房间。母亲既然没有分给他们财产的诚心，说什么都没用，白费口舌而已，尼古拉这才看清母亲的虚伪面孔，觉得实在没必要再与她这样协商下去了，所以才把手一甩无语地离开。

其实，屠格涅夫兄弟俩早就知道母亲的为人，虚伪、狡猾、苛刻，但他们没想到她会用这些来对付自己的儿子。被母亲耍弄的感觉让他们无法再与她共处一室，只得快步离开，否则心中的愤懑很可能就会破口而出，真的让他们说出对母亲不敬的话来。

屠格涅夫他们不仅有理由生母亲瓦尔瓦拉·彼得罗芙娜的气，甚至连对她产生怨恨都不为过。孩子在成年或成家后理应从父母那继承一些财产，作为维持生活的依靠，而瓦尔瓦拉·彼得罗芙娜并没有像其他父母那样，将自己的财产分一部分给儿子。她不仅不把自己的财产分给儿子，就连丈夫遗留下来的财产，她也贪婪地据为己有，分毫不让儿子们得到。贵族的后裔、地主的儿子，在母亲过着奢侈生活的时候，他们却生活得节衣缩食、三餐不保。如此狠心的母亲怎能不让他们气愤和伤心。

更让他们难过的是，在他们进入母亲房间以前，文秘总管莱昂已偷偷地将母亲对他们做得更卑劣的事情告诉了他们：她在当天上午就给声明馈赠给他们的那两个庄园的主事管家下达了命令，要他们立即把庄园里所有的存粮以及地里还未熟的庄稼通通卖掉，一点也不准给他们兄弟俩留下。斯巴斯科耶庄园的总管则收到通知，命令他去监管和督促以上两个庄园的主管执行清空庄园的命令，并将卖掉粮食与庄稼所得的全部钱款都汇到她的名下。

在屠格涅夫兄弟俩离开后，瓦尔瓦拉·彼得罗芙娜把文秘总管叫进去，让他把馈赠书的底稿誊写到羊皮纸上。下午五点左右，她吩咐最小的养女贝贝去告诉屠格涅夫兄弟俩，让他们晚上八点钟来见她。

晚上八点整，屠格涅夫与哥哥尼古拉准时到了母亲那。他们一进客厅就发现母亲瓦尔瓦拉·彼得罗芙娜正端坐在椅子上，身旁的桌子上茶壶里的热气正冉冉升起。待二人坐下后，仆人先给女主人端了一杯茶，又给兄弟俩各送上一杯。接下来三个人都低头品茶，谁也不愿意先打破沉默。最后，瓦尔瓦拉·彼得罗芙娜忍不住了，她不得不先开口，但她没有直入主题，告诉屠格涅夫兄弟俩自己叫他们来的目的，而是举起茶杯称赞茶水多么好喝，还对各种茶叶品评了一番。说完茶叶她还说了一些其他无关痛痒、不沾主题的事情。

对于瓦尔瓦拉·彼得罗芙娜所说的事情，屠格涅夫他们根本不感兴趣，也无心与她闲聊，但他们也不愿意主动询问母亲叫他们来的真正目的，就只好简短地敷衍她。他们彼此都很明白当时的氛围根本不适合闲聊。不一会儿，屋里就又重新陷入了沉默。

"拿来吧！"瓦尔瓦拉·彼得罗芙娜见兄弟俩冷漠的样子也就不打算再与他们周旋下去了，就吩咐了一声。文秘总管莱昂应声进来，手里用托盘托着两个信封。瓦尔瓦拉·彼得罗芙娜从托盘里拿起信封，根据上面写的名字把它们分别交给了尼古拉和屠格涅夫。

兄弟俩木然地接过信封，捏在手中一动不动。过了十几秒钟后，瓦尔瓦拉见屠格涅夫他们并没有拆信封查看的打算，而且连一点惊奇或惊喜之色都没有，就冷冷地对他们说："拿出来读读呗！"

兄弟俩顺从地打开信封看起来，屋里依然是寂静一片，唯一的声音只有沙沙地翻动纸页声。读完后，兄弟俩又都重新把纸页装回了信封，放在膝盖上，脸上的表情如同未读之前一样。

"谢谢我啊！"瓦尔瓦拉·彼得罗芙娜用毫无感情的声音命令似的对两个儿子说，同时把自己的右手伸向了尼古拉，左手伸向了屠格涅夫。尼古拉木然地吻了一下母亲伸过来的手，继续沉默不语。屠格涅夫一直低头沉默着，好像全然没听见刚才母亲说的话，也没看见母亲伸过来的手。突然，屠格涅夫站起身来，大步朝开着门的阳台走去，走出几步后又返了回来，接着又返身走向阳台。在走出阳台后他又疾步走了回来，俯身亲吻了下瓦尔瓦拉·彼得罗芙娜的额头。

"Bonne nuit, maman"他像小时候常做的那样向母亲道晚安，无论是说话的语气还是表露的神情，屠格涅夫丝毫都没表现出不满的情绪。道完晚安后，他弯腰亲吻母亲的手。瓦尔瓦拉·彼得罗芙娜也像以前对待他那样，在他的胸前画十字。接着，屠格涅夫快步走出客厅，咚咚咚地走进楼上自己的房间。自始至终，他没有看母亲和哥哥一眼，只是木然地做他曾经无数次做过的事情。

尼古拉呆呆地在椅子上坐了一会儿，接着走到母亲身边，用法文对瓦尔瓦拉·彼得罗芙娜说了声"晚安"。瓦尔瓦拉·彼得罗芙娜照样给他划了十字。得到母亲的祝福后，他面无表情地大步走出了客厅。出客厅后他没回家，而是径直去了屠格涅夫的房间。

关起门来，兄弟俩商讨下一步的计划。他们早已看出母亲给的馈赠书不过是一纸空文，因此，她馈赠的庄园根本不能去。而且，他们觉得没必要再与毫无诚意的母亲谈判下去了，争吵或祈求都对他们无益。既然没办法争取到母亲的财产，那就提出继承父亲留给他们的遗产。虽然父亲留给他们的遗产不多，但总能让他们不至于挨饿。

对于母亲，尽管她的做法让他们伤透了心，但他们并不打算谴责或恨她什么，只希望今后能与她相安无事地相处，就像在争取财产之前那样。

3. 最后的争吵

这场有关财产的谈判最终以瓦尔瓦拉·彼得罗芙娜的大获全胜而结束。但事实上，在亲情的谈判桌上没有绝对的赢家，瓦尔瓦拉·彼得罗芙娜保住了她那多得用不完的财产，但却让这世界上唯一爱她的两个人伤透了心。可一向刻薄、贪婪的她并不满足，她不仅不会真的给他们想要的东西，还要让兄弟俩对她的假仁慈感恩戴德。

对于兄弟俩晚上无言地离开，瓦尔瓦拉·彼得罗芙娜很不悦，她本以为她那点小伎俩可以哄得他们欢欣雀跃地对她千恩万谢，但结果却出乎她的意料，这让她的内心极度失衡。为了找回内心的平衡，她决定在第二天上午，屠格涅夫来给她请安的时候责难他一下。

第二天上午，屠格涅夫像以前一样，起来后就到母亲那里请安。请安后他对她说："打猎的季节到了，我想回乡下去打猎。您也别老待在这令人烦闷的莫斯科，出去活动活动总是好的。"

尽管昨天晚上的事情让他很不悦，但他仍像往常一样给母亲请安，与她话家常。他对母亲已不再抱有任何奢望，只期望能相安无事地相处就好了。为了避免提及昨天晚上发生的极其不愉快的事情，屠格涅夫总是尽量将话题引到离他们的现实生活更远的地方。但无奈，瓦尔瓦拉·彼得罗芙娜是铁了心地要将昨天晚上的一幕继续下去，她抓住屠格涅夫转换话题的时机，直截了当地问他："伊万，老实告诉我，昨天我送了你那么贵重的礼物，你为何连句谢谢都不对我说？"

屠格涅夫低下头，不再说话了。

"难道你对我的安排还不满意？"瓦尔瓦拉·彼得罗芙娜故作惊奇，拉长了声音说。

"唉，妈妈，您这又是何必呢？"屠格涅夫面露痛苦，"不要再提那件事了好吗？你干吗非得提……"屠格涅夫实在不愿意再说下去，就停了下来，继续低头沉默。

"把话说完！我为什么不可以提？"瓦尔瓦拉·彼得罗芙娜不依不饶地质问屠格涅夫。

"妈妈，我再恳求您一次，请您忘了那件事，好吗？您是知道的，我不会撒谎，所以我只能沉默，我没有办法违背内心说假话。我的心情已经够沉重了，请您不要再逼我了好吗？"屠格涅夫几近哀求地对母亲说。

"你心情沉重？你心情有什么好沉重的啊？"瓦尔瓦拉·彼得

罗芙娜步步紧逼，非让屠格涅夫说出实话不可。

屠格涅夫不愿意说，他太了解母亲了，她明知自己为何心情沉重，却偏偏要自己说出来，一旦自己说出，她又会不知说出什么样的话来伤害自己，所以，他继续沉默。

"你心情沉重！我还觉得十分委屈呢。我把你们养大，为你们做所有的事情，到头来却招致你们的不满，这太不公平了！"瓦尔瓦拉·彼得罗芙娜反倒先发制人，向儿子倒起苦水。

"那就请您不要再为我们做任何事情了。现在，我们不想从您那得到任何东西，除了平静的日子。就像我们小时候围绕在您身边那样。"屠格涅夫实在不愿意听母亲的诉苦，就赶紧打断她的话。

"不，以前的生活再也回不去了！现在你们都有了自己的领地，该离开母亲自己生活了。"瓦尔瓦拉·彼得罗芙娜坚决地说，神情中显出几丝得意之色。

"哎，何必说出这样的话呢？"屠格涅夫的心情更难受了。"昨天之前我们一无所有，昨天之后的今天，我们依然是一无所有的，这一点您应该比我们清楚。"

"你和你哥哥都有了庄园，你哥哥还得到了一所大房子，你怎么还可以说你们一无所有呢？"瓦尔瓦拉·彼得罗芙娜情绪开始激动起来，声音也变得大了许多。

"房子！那是他的房子吗？哥哥是如此的诚实，以至于他无法自欺欺人地认为那是他自己的房子。您给他的房子如同圈禁他的囚牢，让他失去了有前途的工作，失去了经济来源，让他一家人无法过上体面的生活！"屠格涅夫的情绪也变得激动了起来，已无法再沉默下去了。

"胡说，他怎么没有经济来源了？我不是给了他一座庄园吗？"瓦尔瓦拉·彼得罗芙娜不依不饶，以提高嗓门来掩盖自己的心虚。

"我们一座庄园也没得到，您什么都没给我们，也不会给我们什么实实在在的东西的。您的那两份庄园馈赠书不过是哄无知小孩玩的玩具，根本不具备法律效力。您高兴的时候说庄园是我们的，不高兴时就又可以把庄园收回去。房子是您的，土地是您的，既然您不愿意给我们就直说好了，'我的东西是不会送给任何人的！'即便是听到这句话，我们的内心也不会像现在这样难受。您什么东西都不给我们，我们也不会责怪您的。可是妈妈，您为什么要在我们面前导演那么一场闹剧呢？"忍无可忍的屠格涅夫终于说出了埋藏在自己心里多日的话。

"你疯啦！你还知道在跟谁说话吗？"诡计被拆穿，瓦尔瓦拉·彼得罗芙娜开始歇斯底里起来。

"我本来没打算说的，我一直想沉默下去，是您一再逼我说出来的。我刚才不止一次地绕开话题，避免涉及到这件事，还为此求您也不要再提了，可您……"屠格涅夫满脸泪水，神情痛苦，手握拳头捂在胸前，仿佛心脏承受不住自己的忧伤了。

稍微缓和了下情绪，他继续说："可怜的尼古拉，您为什么要这样残忍，亲手毁掉自己儿子的前程？您说您已原谅了他的婚姻，可您却逼着他辞掉工作搬回来陪您。搬回来对他有什么好处呢？他原本可以靠俸禄养活一家人的，可您却把他变成了一无所有的穷地主少爷。他回来一点好处也没有，只是方便了您折磨他，折磨他们一家人！"屠格涅夫盯着他母亲的眼睛，想透过那双眼睛看看她的心到底是什么颜色的,为何会如此的残忍。

"我折磨他,我怎么折磨他了?"瓦尔瓦拉·彼得罗芙娜的情绪已失控了,她双手紧握躺椅的扶手,身体前倾,脸上的表情已有些扭曲。"我怎么折磨他了,怎么折磨他了?你说啊!"

"用各种办法,用尽您能想到的各种办法!"屠格涅夫眼含泪水地喊起来。"您不仅折磨他,您还折磨您身边的所有人。看看您的周围,他们哪个在您身边生活得舒心了?"他情绪激动得无法按捺了,不停地来回踱步。"天呐,我想我是真的疯了,否则我怎会对您说出这样的话?求求您,求您别再谈这件事了好吗?求您了!"他就差跪在地上求瓦尔瓦拉·彼得罗芙娜了。

"你们就是这样报答你们的母亲的吗?"瓦尔瓦拉·彼得罗芙娜仍不罢休,咬牙切齿地吐出了这几个字。

"妈妈,我们早已不再是无知的小孩子了,每次去拿您施舍给我们的钱都让我们觉得羞愧。您这次的做法更让我们感到心寒。您在怕什么,怕失去对我们的控制,对吗?我们一直非常孝敬您,可您从来不信任我们,不信任任何人。您只信任金钱,金钱能让您有权利去折磨所有可怜的人。"屠格涅夫愤怒的神情变得有些悲凉。

"在你眼里你母亲就是这样一个令人厌恶的恶棍吗?"瓦尔瓦拉·彼得罗芙娜冲屠格涅夫大叫起来。

"我没有说您是恶棍,但我也不知道您到底是什么样的人,都做过哪些不能告人的事。您自己应该好好想想的。"屠格涅夫冷冷地回敬瓦尔瓦拉·彼得罗芙娜。

"难道我伤害过别人吗?"瓦尔瓦拉·彼得罗芙娜不仅没打算反思,反而更嚣张起来。

"您没伤害过谁？您好好想想，围绕在您身边的人，他们哪个过得好了？就说伺候您的仆人吧，为了不起眼的事情，您就狠心地将他们迫害、流放，让他们一家人不得团聚，您还敢说您没害过人吗？他们本来都很敬爱您，甚至愿意为您献出自己的生命，可您呢？您却让他们及他们的家人遭受了不可挽回的不幸。我多么想让自己耳聋目瞎，不知道您对他们所做的那些事啊，我又多么想让自己成为哑巴，永远不会像今天这样对您说出这些话啊！"屠格涅夫神情忧伤，声音也渐渐低下来。

"所有人都惧怕您，可本来我们都是可以非常爱您的。"屠格涅夫说到这句话时，声音已小到几乎无法让人听见了。

"从来就没有人真心爱过我，以前没有，现在也没有，连我辛苦养大的孩子都来指责我！"她连屠格涅夫那句轻得几乎难以让人听见的话都听见了，还为此激动万分。

"不要这么说，妈妈，我和哥哥是您的孩子，我们愿意……"见到母亲如此痛苦，屠格涅夫心软了，打算劝慰她。

"我没有你们这样的孩子！"瓦尔瓦拉·彼得罗芙娜大吼起来。"出去，给我出去！"

"妈妈！"屠格涅夫见事态严重了，就扑到瓦尔瓦拉·彼得罗芙娜的身旁。

"出去！"瓦尔瓦拉·彼得罗芙娜的喊声更大了。见屠格涅夫没有离开的意思，她就走出客厅，还随手将门砰的一声关上了。

屠格涅夫呆呆地在客厅地上坐了几分钟，随后也起身走出了客厅。

第二天一大早，瓦尔瓦拉·彼得罗芙娜就接到了大儿子让人带来的一封信。尼古拉在信中说自己打算与弟弟一起搬到屠格涅沃村，去继承父亲留给他们的遗产。信的最后，他还请瓦尔瓦拉·彼得罗芙娜原谅他，他这样做也是为了一家人的生存，是迫不得已的行为，但无论如何他都会像以前一样孝顺她的。

屠格涅夫打算亲自来向母亲辞行，就让仆人去告知母亲。瓦尔瓦拉·彼得罗芙娜听说屠格涅夫要见她，就抓起摆在书桌上的屠格涅夫少年时代照的相片，狠命地摔在了地上，镜框上的玻璃四分五裂，玻璃碴洒落一地，相片则飞到了桌子底下。仆人见状要去收拾，被她喝令赶了出去。镜框玻璃与相片就这样散落在地上，从7月初直到9月初。

瓦尔瓦拉·彼得罗芙娜不肯见屠格涅夫，屠格涅夫在客厅里等了好一会儿，见母亲还不打算见自己，就独自上楼收拾东西，打包好，叫仆人帮忙搬上了马车。

屠格涅夫走后，瓦尔瓦拉·彼得罗芙娜一连几天没走出自己的房间，仆人送进去的食物也很少动。数天后，她打开房门对管家说："收拾所有东西，回斯巴斯科耶！"

回斯巴斯科耶后，瓦尔瓦拉·彼得罗芙娜的身体变得越来越虚弱。她的水肿病越来越严重，呼吸也越来越费力。屠格涅夫与哥哥尼古拉就住在离斯巴斯科耶庄园15俄里外的屠格涅沃村，但她即使病得很严重了也不曾派人去通知他们，就连他们给她写的信她都不看。

屠格涅夫从仆人那得知了母亲瓦尔瓦拉·彼得罗芙娜的病情，为了不让母亲见到他生气，他只好偷偷地躲在一角看她。

在病重的那段期间，她从不提起自己的儿子，别人也不敢说。

那张被她一怒之下摔碎的屠格涅夫的相片又被她命人装进了相框放在了她卧室的床头。

倔强的瓦尔瓦拉·彼得罗芙娜一直不肯原谅儿子，更不肯见他们，尤其是对她曾经最爱的孩子——屠格涅夫。临终前一天，她突然命人说："把尼古拉给我叫来！"

听到仆人的传讯，尼古拉立刻赶回了斯巴斯科耶庄园，见到奄奄一息的母亲，他心痛万分，跪倒在她的床前。瓦尔瓦拉·彼得罗芙娜吃力地伸出一只手，将儿子的头揽到嘴边吻了吻，然后，祈求似的对他说："伊万，伊万！"她应该还想说什么，但嘶哑的喉咙再也没能发出声音。

"我这就派人把他给您叫回来！"尼古拉知道母亲始终是最爱伊万的。

不幸的是，当时屠格涅夫正在彼得堡，准备送女儿波丽奈特去法国。当通知送到他手中时，已经是11月21日，而瓦尔瓦拉·彼得罗芙娜在16日时就去世了。屠格涅夫收到母亲的病危通知后立马就朝回赶，但他不仅没能赶上见母亲最后一面，就连母亲的葬礼他都没能参加。当他赶到斯巴斯科耶庄园时，送葬的人刚好从教堂回来。

4. 贫富只在一夜间

屠格涅夫没能赶回来与母亲瓦尔瓦拉·彼得罗芙娜告别，也没能尽身为人子之孝,这让他非常痛苦和愧疚。可接下来仆人们告诉他的事情,却让他的心情变得更复杂了。

斯巴斯科耶庄园里的仆人都视屠格涅夫为他们的救星,因为他的缘故,他们才少受了瓦尔瓦拉·彼得罗芙娜的好多折磨,而且他们也知道屠格涅夫一直把他们当作朋友而不是奴隶,所以当屠格涅夫陷入深深的自责中时,他们毫不隐瞒地将瓦尔瓦拉·彼得罗芙娜对他与他哥哥所做的事情通通都告诉了他。

他们告诉他瓦尔瓦拉·彼得罗芙娜生前寄出的最后一封信是写给斯巴斯科耶庄园主管的,在这封信里她命令主管马上把所有的庄园都卖掉,不管多少钱,只要有人愿意买就卖,如果没人买就放把火烧掉,无论如何都不要给自己的儿子留下任何财产。这次主管并没有按照女主人的命令行事,因为他觉得她一定是病糊涂了,世上哪有母亲会这样对待自己的孩子!为了避免女主人再让他去做什么荒唐的事情,他只好告诉她已经有人打算买她的庄园了,他们正在进行协商和交接。

生命的最后几天,瓦尔瓦拉·彼得罗芙娜一直高烧不退,神志也不是很清醒,但她仍不忘关心卖庄园的事情,在得知主管正在进行手续的交接时,她欣慰地说:"那就好,那就好!什么也不要给他们留下,什么都不留!"她那嘶哑的喉咙不断发出类似的声音。

"她原本可以轻而易举地得到我们的爱的,但她却逼得我们无法去爱她,可无论如何她所做的那些事情都该被遗忘或封闭起来的,毕竟她是给予我生命的母亲,即便不能给予她我的爱,我也应该给她留一份尊严。"屠格涅夫在随后给维亚尔多夫人的信中这样写道。

瓦尔瓦拉·彼得罗芙娜以她扭曲的心灵看待这世界,认为没有人值得信赖，唯有金钱才是忠诚的，不会背叛她，所以她一直牢牢地控制着两个儿子的经济收入，想利用金钱来将他们牢牢地拴在自己身边。令她震惊的是，她的两个儿子竟然想从她的控制之中逃出去，这让她非常恐惧和气愤，为了继续拴住儿子，她自导自演了馈赠书闹剧，也导演了自己人生的悲剧。

为了让自己从病痛和内心的孤单中摆脱出来，她一直命人演奏欢快的舞曲，连生命的最后一天也如此。临终前，她的喉咙已无法发出正常的声音，但仍嘶嘶地叫个不停，仿佛又在盼咐人去做卖粮食、烧庄园之类的事情。

瓦尔瓦拉·彼得罗芙娜去世后，屠格涅夫在母亲的遗物中发现了一本日记，她用这本日记记下了自己一生中所有的重大事件。屠格涅夫一直想不明白为什么自己的母亲会如此狠心地对待自己，常言道虎虽毒却不会食子，而他们的母亲竟一直想把他们变成一无所有的乞丐。为了解开心中的疑惑，他一口气将母亲留下的那本日记读完了，合上日记，他躺在床上竟彻夜难眠。他的脑海中不断浮现出她在日记中描写的一幕幕画面，一件件事情。

通过她的日记，屠格涅夫才真正看清自己的母亲——一个被命运折磨得几近疯狂的女人，她的性格早已扭曲，她乖张行为背后隐藏的是恐惧。她有着不幸的人生，但她更制造了更多人的不幸，在对周围人的报复中，她的灵魂一步步陷入了漆黑冰凉的万丈深渊。

"这到底是一个什么样的女人啊！愿上帝宽恕她所犯下的一切罪行！多么可怜的人，多么可悲的人生啊！"瓦尔瓦拉·彼得罗芙娜的日记令屠格涅夫读得心惊胆战又心痛不已，既然她这可悲的一生已经结束了，他只好祈祷她能安息。

瓦尔瓦拉·彼得罗芙娜生前一直想尽办法控制所有财产，让自己的儿子不得分文，但死后却什么也没能带走，所有的财产都到了儿子的手上。在分遗产时，屠格涅夫放弃了很多财产的继承权，将大半的财产都让给了哥哥，但他请求哥哥无论如何要把斯巴斯科耶庄园留给自己，并最终如愿。

三十多年来屠格涅夫与哥哥尼古拉一直过着没有经济自由的生活，母亲的施舍让他们感到羞耻。而现在，他们成了真正的地主，拥有了成片的土地和成群的仆人。

人生的舞台总是这样，大喜大悲的转换只在一瞬间。一夜之前，屠格涅夫还在为女儿每年一千法郎的抚养费而发愁，一夜之后，他却成了当地最富有的地主之一。成了真正的地主后，屠格涅夫立马就着手做自己一直想做却又未能做的事情：解放农奴、减轻土地的租税。瓦尔瓦拉·彼得罗芙娜健在时，他曾无数次地劝说她给农奴们自由，但一直毫无结果，现在他的一个命令就给予了那些人梦寐以求的自由。

尽管减少土地租金、解放农奴让屠格涅夫损失了很多钱，但这对他庞大的财产总数来说并不算什么。

乐善好施一直是屠格涅夫的秉性，瓦尔瓦拉·彼得罗芙娜的武断跋扈曾让他几乎沦入乞丐的行列，但尽管如此，他那高傲的自尊都不曾让他放下身份去向朋友借钱，而现在他有钱了，就更热衷于慷慨地帮助他人。

他也可以过上自己喜欢的生活了——与朋友吃饭、聚会，探讨艺术，品味人生。为了让朋友们能吃上可口的饭菜，他还专门雇了一名厨师。

有一段时间，屠格涅夫的家几乎成了学者们的聚集地，文学家、男女演员、各类科学家与音乐家等等，都喜欢到这个热情好客的地主家做客。安年科夫、波隆斯基、涅克拉索夫、阿克萨科夫兄弟、鲍特金、格拉诺夫斯基、扎别林与米·谢普金、罗夫·萨多夫斯基、谢·舒姆斯基都曾是他家的座上宾。

第八章 捍卫正义的勇士

> 一个人必须剔除自己身上的顽固的私心，给予自己的人格自由表现的权利。
>
> ——屠格涅夫

1. 农奴的朋友

屠格涅夫虽属于地主阶层，但他却爱亲近庄园里那些善良的农奴，还视他们为自己的朋友。在很小的时候，他就喜欢与一个热爱诗歌的农奴交好，经常与他躲进灌木丛里读诗歌、看小说。屠格涅夫酷爱打猎，教授他打猎技术的不是他的父亲，而是他的农奴朋友。

屠格涅夫喜爱和尊敬他的农奴朋友，他们也非常喜爱他们的少爷，他们还称他为"天使""庇护者"，因为性格乖张、脾气暴戾的瓦尔瓦拉·彼得罗芙娜只有见到他时才会表现出少有的温柔一面，不仅对他，对身边的人也会和蔼和宽容许多。"我们可爱的天使、我们尊敬的庇护者回来了！"每次屠格涅夫回斯巴斯科耶庄园时，农奴们都会这样欣喜地相互转告。

斯巴斯科耶庄园的农奴们永远不会忘记他们的朋友——屠格涅夫曾经是多么英勇地为他们捍卫尊严的。当时，还在彼得堡大学就读的屠格涅夫放寒假回家时，听说母亲打算卖掉年轻的农奴卢莎，这让他非常震惊。卢莎是个心地善良的姑娘，也是全村做针线活儿最好的姑娘，母亲竟然要卖掉她，这让屠格涅夫非常不满。他立刻跑到母亲那里，公然对母亲瓦尔瓦拉·彼得罗芙娜说："买卖农奴是一种野蛮的行为，它极其严重地损害了农奴的尊严，也有损地主的人格。我作为父亲基业的合法继承人，绝不容许这种交易在我面前发生。"为防止母亲趁他不在时将卢莎卖掉，他还将她藏了起来。

卢莎的买主——邻村的一名女地主大为恼火，跑到县警察局长那里求助，让他务必帮自己找到所购买的女奴。她还诬告屠格涅夫私藏农奴的行为是在煽动农民"造反"。警察局长与瓦尔瓦拉·彼得罗芙娜是朋友，如此棘手的差使让他不知如何处理。警察局长首先找到屠格涅夫，劝他不要为了一个农奴而伤了与邻村地主的和气，更不要让自己的母亲因此而蒙受损失。屠格涅夫对警察局长的劝说置之不理，脑子里只有一个想法：绝不会交出卢莎。

在屠格涅夫处碰壁，警察局长只好找瓦尔瓦拉·彼得罗芙娜协商，瓦尔瓦拉·彼得罗芙娜给他的建议是去强行搜抢那个女奴。当警察局长带人奔向隐藏卢莎的房间时，刚进院子就发现屠格涅夫正站在房间门口，手里端着猎枪。屠格涅夫看到警察局长和告密者后，就举起枪告诫他们说："我会开枪的！"

警察局长见此情景无计可施，只好又去见瓦尔瓦拉·彼得罗芙娜。她听了他的描述后，知道女奴是卖不成了，就无奈地把手一挥，对他说："就这样吧，我愿意付违约金来了却此事。"

斯巴斯科耶的农奴们也记得屠格涅夫为农奴波尔菲利·库德里亚绍夫向瓦尔瓦拉·彼得罗芙娜求情的事。波尔菲利·库德里亚绍夫是屠格涅夫小时的玩伴，在陪同屠格涅夫去柏林之前，他就在医士学校学过医术，在跟随屠格涅夫去柏林后，他更是积极勤奋地旁听了柏林数所大学的医学课。

在去柏林之前，屠格涅夫就恳请母亲发给库德里亚绍夫农奴解放证，让他以自由人的身份陪自己出国，但遭到拒绝。他与库德里亚绍夫双双学成回国后，再次向母亲提起给库德里亚绍夫发解放农奴证的事，仍遭到拒绝，不过她表示愿意让他做自己的家庭医生，算是给他一个恩典。

"这很好，可为什么不更好一些呢？"屠格涅夫试图进一步劝服母亲，"你可以卸除他身上的枷锁嘛！我担保，只要您健在一日，他就不会丢下您一日不管。如果您让他感到自己是人，而不是毫无尊严的奴隶，他会非常感激您，进而更尽心地照顾您的健康的。"

但无论屠格涅夫如何劝说，瓦尔瓦拉·彼得罗芙娜都不同意发放农奴解放证的事。在她看来，农奴是资产的一部分，有谁会平白无故地放弃自己的资产呢？直到瓦尔瓦拉·彼得罗芙娜死后，屠格涅夫继承了斯巴斯科耶庄园，才有机会给库德里亚绍夫发放农奴解放证，给他自由。

不仅是库德里亚绍夫，在屠格涅夫继承了父亲和母亲的遗产后，他解放了属于自己的庄园中的所有农奴，为了他们的生计考虑，还依照他们的意愿，将田地低价租给他们，庄园里的田地则不收租金，每季只要交上一些产物供庄园使用就好了。屠格涅夫这看似简单的决定，却要承担一大笔损失，在其他地主看来简直是疯狂的行为。

19世纪70年代，青年文学史学家谢·阿·温格罗夫曾向屠格涅夫提出过这样一个问题：您为自己的农奴做过什么？当时，屠格涅夫很平静地叙述了自己解放农奴的一系列措施，并在谈话的最后说："如果换做是别人，也许可以为他们做得更多，做得更好，但我答应过你要实话实说，所以我只好丝毫不夸张地如实说了出来。虽然我的行为没有什么值得赞赏的，但我觉得如实说出来也不会让我丢脸。"

2. 为正义高呼的勇士

1852年2月，伟大作家果戈理逝世的消息传到了身在彼得堡的屠格涅夫那里，忽闻如此令他伤心的噩耗，他竟久久无法相信消息的真实性。在给凡·阿克萨科夫的信中，他悲痛地说："毫不夸张地对您说，在我这辈子经历的事情中，没有哪一件带给我的震惊可以与果戈理的死讯相提并论！"

果戈理的死已让他痛心万分，可人们对伟大作家的冷漠态度更让他心痛。他发现身边的许多人在谈到果戈理的死讯时，竟都无动于衷，仿佛在说一个自己前不久在路边认识的人一样。为了让身边那些冷漠的人感到羞耻，他故意佩戴黑纱在他们面前走动；在拜访朋友时，他总会抑制不住情绪，慷慨陈词，谴责上流社会的冷血无情。

为了让更多人清醒地认识到果戈理的逝世对俄罗斯文学、对人类文化来说是多么严重的损失，屠格涅夫专门写了一篇悼念他的文章，并投寄给《彼得堡新闻》出版社。他毫不掩饰地对朋友们说在写那篇悼文时，他曾几度搁笔，失声痛哭。

"果戈理逝世了！哪一位俄国人的心灵会对这样一个消息无动于衷呢？我们的损失是如此的惨重，如此地出乎我们的意料，以至于我们至今仍不愿相信这是真的。他逝世了，现在，我们有权利，死亡赋予我们的权利，称他为伟大的人物；这个人物以自己的名字标志了我国文学史的一个时代，我们将他作为我们的无尚荣光而引以为豪！"

可尼古拉王朝的捍卫者和尼古拉一世并不这么认为，他们将《死魂灵》的作者看作是有损社会稳定的危险分子，对于他的死，他们感到欣慰。书刊审查委员会向各大报纸和杂志下令，谁都不许发表屠格涅夫写的悼文，理由是：屠格涅夫文章的语气，特别是他称果戈理是伟大的人物，是对尼古拉王朝的不敬，是大逆不道的行为。

一天，屠格涅夫在大街上碰到《彼得堡新闻》的发行人，就质问他为什么不发表自己的那篇悼文。

"要知道目前是什么气候，恐怕是没有人敢给你发表那篇文章的。"那人凑到屠格涅夫的耳边，委婉地对他说。

"那篇文章怎么了？它绝对无可厚非！"屠格涅夫非常不满。

"问题并不在于它是否是无可厚非的，而是当局根本不准报纸上出现果戈里这个名字。"见屠格涅夫并未明白自己的暗示，那人不得不明说。

尽管知道当局禁发他写的悼文，但屠格涅夫仍不甘心，不愿意让伟大的果戈理就这么无声无息地从人们的生活中消失了。他从朋友那多方打听门路，请他们为自己出谋划策，最终，他在莫斯科的朋友瓦·彼·鲍特金和叶·米·费奥克季斯托夫想出了一个主意，他们让屠格涅夫将悼文以彼得堡来信形式投给《莫斯科新闻》，并且不要署名。

几经周折，屠格涅夫的这篇悼念果戈理的文章终于侥幸通过了莫斯科书刊审查委员会的检查，并于3月13日发表在了《莫斯科新闻》的第32期上，作者名字被隐晦的署为：屠·夫。

悼文的发表令沙皇政府大为恼火，立即命人审查和逮捕与此事有关的人。沙皇政府第三厅的厅长列·瓦杜别利特亲笔上书沙皇，恳请沙皇严厉训斥屠格涅夫这个"火爆的、难以制服的人"。宪兵司令阿·费·奥尔洛夫甚至建议沙皇下令布置警察密探随时监视屠格涅夫的动静，以免他再有什么出格的举动。尽管如此，沙皇仍觉得他建议的处罚太轻了，不足以震慑住那些有反政府倾向的人，就在宪兵司令的报告上亲批："我认为监视不足以惩罚他的罪行，为惩罚他公然违反政府法令的罪行，应将他拘留一个月，然后遣回原籍，继续监视。"

1852年4月16日，屠格涅夫被捕，并被关进了彼得堡的拘留所。

屠格涅夫被拘留的消息一经传出，他的许多朋友与熟人纷纷前去探视他，当局知道后，十分恼火，就下令禁止探视。

在彼得堡拘留所拘留一个月后，屠格涅夫被沿铁路流放回原籍。回斯巴斯科耶之前，屠格涅夫与朋友告别的申请得到批准，在他的远亲亚历山大·米哈伊洛维奇·屠格涅夫的家里，他见到了一小部分他在彼得堡的朋友，并向他们朗读了他的新作《木木》。这部中篇小说是他在被拘留的一个月中创作出来的，带有强烈的反封建农奴制的倾向。

回到斯巴斯科耶庄园后，因不经允许不得外出，屠格涅夫只能待在庄园里。监禁的最初几个月对他来说并没有什么，反而让他可以静下心来读书、疗养身体和尽情地打猎，舒心地享受这久违了的恬静、安宁的生活。对于在拘留所待的一个月，他不但没有表现出愤恨，反而感谢那段时光，让他可以从新的角度去观察俄罗斯的整个社会和它的子民。

不久，也许是应屠格涅夫的请求，波琳娜·维阿尔多随歌剧团一起到彼得堡和莫斯科进行巡回演出。得知波琳娜到达莫斯科后，屠格涅夫简单收拾了一下行囊，乔装后溜出斯巴斯科耶，公然违反当局禁止他进入首都的命令，连夜赶往莫斯科与波琳娜相会。

为避免被当局察觉他私自外出，在莫斯科时屠格涅夫行踪非常谨慎，并只待了数日就匆匆赶回了斯巴斯科耶庄园。

被监禁的生活并没有给屠格涅夫的生活带来困扰，反而让他可以找到理由静心创作。在被监禁的那段期间，他非常细心地观察了周围的贵族、官吏与农民，从他们身上找到了许多创作的灵感。中篇小说《客店》《两个朋友》和长篇小说《两代人》的第一部都是在被监禁的这段时期完成的。

1853年的六七月份，俄国与土耳其的冲突越来越激化，军事冲突更是越来越频繁，不久又与欧洲联盟爆发了战争。腐朽的沙皇政府及其统治的军队节节溃败，自顾不暇，根本没有精力再去监视屠格涅夫，于是就下令解除对屠格涅夫的监禁，允许他自由出入各地。

收到解除监禁的命令，屠格涅夫兴奋不已，当天就派人去请他的叔叔，让他来斯巴斯科耶庄园帮自己打理庄园的事务，自己则简单打点了行装，急切地赶往彼得堡。朋友们相见时的欢乐场面早已在他的脑海中盘旋，他恨不得可以肋生双翅，立刻飞到彼得堡去见他们。

3. 忠实的朋友

在柏林留学的时候，屠格涅夫结识了巴枯宁，并与之结下了非常深的友谊。他们的性格截然不同：屠格涅夫温柔敦厚、谦和有礼、喜爱沉思，米哈伊尔·巴枯宁却恰恰相反，坚韧刚毅、容易冲动、活动能力超强。尽管性格迥异，但这并没有妨碍他们相互亲近。

在他们的友谊中，采取积极主动态度的主要是巴枯宁，不仅是因为他在意志方面比屠格涅夫坚强，目标比屠格涅夫明确，还因为他在年龄上比屠格涅夫大五岁，阅历和能力都较屠格涅夫强一些。年轻人的热情让他们可以毫不隐瞒地相互诉说自己的理想，探寻人生的价值。

巴枯宁的激情感染了屠格涅夫，让他对未来满怀憧憬。"我无法估量我将会有多少成就应归功于你，在与你相识后，我的感情就像波涛一样起伏汹涌，无法平静下来，甚至无法言表。"屠格涅夫曾激动万分地对巴枯宁诉说自己的感受。巴枯宁也经常对朋友说屠格涅夫是他可以推心置腹的好朋友和好兄弟。

1842年，巴枯宁曾以好友的身份邀屠格涅夫到德国去，与他共同探讨自己的决定，并请他帮忙解决已陷入极度混乱状态的经济问题。由于不善于理财和长期借债，巴枯宁的生活已经被重重债务所困住，随时都可能因此被控告、遭逮捕。

巴枯宁将全部的希望都寄托在了屠格涅夫的身上，期盼着他能替自己偿还大部分的债务，让自己摆脱债务困境。如果屠格涅夫在经济上不是依赖于他的母亲瓦尔瓦拉·彼得罗芙娜，巴枯宁的这个愿望是极有可能实现的。但不幸得很，屠格涅夫虽然一直过着令其他人羡慕的富足生活，但他并没有真正的经济实力，一直都是靠母亲供养着，而且瓦尔瓦拉·彼得罗芙娜对屠格涅夫的花费一向管得很严格，从不允许他乱花钱。

强烈的自尊心让屠格涅夫不愿意向朋友表明自己的处境，在不知情的朋友向他提出帮忙的请求时，他总会欣然同意，并一时冲动许下一些以他的经济实力根本无法完成的诺言。与以前一样，对于巴枯宁的请求他照样没有回绝。但在固定的期限内，他因没能筹到许诺的钱款，而差点让巴枯宁被抓进监狱。正是这件事的缘故，让巴枯宁对他心生不满，两人之间的亲密关系也出现了裂痕。

1842年底，屠格涅夫从德国返回俄国。临行前，巴枯宁交给了他一些书信、自己的画像、委托他办理的种种事情的详单、许多份刊有自己的文章《德国的反动》一文的《德国科学、艺术年鉴》，让他带给自己的亲人和朋友。

临回国前，巴枯宁再三检查了屠格涅夫的行李，并叮嘱他在过国境安检时一定要把物品藏好，无论如何都不能让他的那些物品落到警察手里，否则不仅是他本人，就连屠格涅夫也会因此锒铛入狱。

临别之际，巴枯宁郑重地握着屠格涅夫的手说："朋友，永别了！我们会许久不得见面的。我们选择了完全不同，甚至截然相反的两条路。请不要把我遗忘——我会永远将你铭记于心，永远喜爱和信赖你。"

1842年12月初，屠格涅夫辗转回国，成功避过了警察的安检，将巴枯宁的物品交给了他想交给的所有人。

1847年11月底，在波兰革命纪念日聚会上，米哈伊尔·巴枯宁发表了一场热情洋溢、鼓舞人心的演说。在演说中他高度赞扬了波兰人们的革命精神，并宣称与俄国政府脱离关系，永不返回俄国。他的演说被法国当局知道后，认为他是个危险分子，就下令对他进行驱逐，巴枯宁迫不得已迁至布鲁塞尔。

由于一直积极从事革命事业，巴枯宁一再地遭当地政府驱逐，几经辗转。最后不幸被捕，并遭流放。

1861年11月，巴枯宁自美国旧金山给他的好友和革命战友赫尔岑与奥加廖夫寄去了一封信，信中告知他们自己已经成功逃离西伯利亚，并请他们将这个消息转告他的亲人。信的最后，他请求他的朋友尽快给他汇去500美元，让他有路费回伦敦。

当时，屠格涅夫正旅居巴黎，赫尔岑就写信给他，告知他巴枯宁成功逃出西伯利亚的好消息，并请他帮忙在他的朋友中为巴枯宁募捐一些钱，让他可以返回欧洲。屠格涅夫答应了朋友的请求，并表示愿意每年资助巴枯宁1500法郎。

在朋友的倾力资助下，没用多久，巴枯宁就返回了欧洲，并到了伦敦。

巴枯宁到达伦敦后立马就请他的朋友代自己去一趟法国，将屠格涅夫请到伦敦与他相见。"无论如何，请您一定帮我把他请来，就是推也要把他推出巴黎。"巴枯宁因法国政府的驱逐令而不得进入法国境地，只好恳请自己的朋友替自己走这么一趟。

巴枯宁之所以如此急切地想见到屠格涅夫，除了想与多年未见的老朋友叙旧外，还有更重要的事情要请他帮忙。在伊尔库茨克与妻子分手时，巴枯宁曾与她约好两人会在伦敦团聚，所以他想委托屠格涅夫与他的革命战友托米哈伊尔·纳尔班多夫一起将自己的妻子接到伦敦来。由于巴枯宁是多国驱逐的对象，又是逃犯，所以要想将他的亲人从俄国带出来可不是件容易的事。

屠格涅夫知道巴枯宁的这个请求非同一般，如果自己真的答应了他的请求，就极有可能受到牵连，俄国政府对巴枯宁这样的无政府主义者非常痛恨，对与他们有牵连的人当然也不会轻易放过。无奈，巴枯宁的再三恳请让他无法回绝，就只好铤而走险地再帮他一次。1862年5月，屠格涅夫动身回俄国。在俄国，他四处募款，与巴枯宁的妻子安东尼娅·克维亚特科夫斯卡娅建立起联系后，就又为将她送出俄国的事多方奔走。

几经转折，屠格涅夫终于将巴枯宁的妻子送出了俄国，并把募得的钱款加上自己的钱一同交给了巴枯宁在俄国的一个亲戚，让她代为汇往伊尔库茨克。至此，屠格涅夫觉得自己答应朋友的事情都完成了，而且还算顺利，未曾惊动政府，就安心地回了斯巴斯科耶庄园。

4. 令人痛心的结局

1862年7月中旬，车尔尼雪夫斯基、尼·谢尔诺-索洛维耶维奇和皮萨烈夫被捕入狱的消息传到了斯巴斯科耶，令屠格涅夫大为震惊。当局逮捕车尔尼雪夫斯基他们的依据是赫尔岑的书信。

赫尔岑请巴·阿·维托什尼科夫将他的一些信带给他在俄国的许多朋友，但不幸的是，在俄国国境入境检查时，维托什尼科夫被捕，这些信自然也就落入了当局手中。

屠格涅夫无论如何也不曾料想到，维托什尼科夫所携带的许多信件中都提到了自己的名字。不久后，米哈伊尔·纳尔班多夫被捕的信息就传到了屠格涅夫那里，他这才意识到自己的处境很不妙。

纳尔班多夫是在纳希契凡被捕的，后被押解到彼得堡，在彼得保罗要塞监狱囚禁了3年。当局在逮捕纳尔班多夫时，截获了他收藏的巴枯宁的文稿、"指令"和密码。根据抓获的那些与赫尔岑、奥加廖夫有交往的人的材料，侦查委员会很快就破解了巴枯宁的密码与指令，推断出屠格涅夫就是巴枯宁他们所说的拉里昂·安德烈耶维奇，曾为米哈伊尔·巴枯宁筹款，并协助他的妻子迁出俄国。

侦查委员会还侦查出屠格涅夫是赫尔岑和奥加廖夫的受托人，在他往返俄国与西欧的过程中帮他们传递信件和其他反动资料。这一切都将屠格涅夫卷入了"三十二人（与伦敦反政府者有联系的被告）案"。

1863年1月，俄国驻巴黎公使给屠格涅夫送来了俄国政府的传票，要他回国接受审讯。"我实在想象不出自己到底犯了什么罪。难道是因为我与年轻时代的好友交往让当局很不高兴，所以要治我的罪？我知道他们都在流亡，但在政治信仰上我早已与他们分道扬镳了。退一步来说，我又算得上是什么政界要员啊？我不过是个作家，一个温和的、独立的、忠诚的作家。只此而已！"在给安年科夫的信中，屠格涅夫义愤填膺地诉说对当局的不满和自己的无辜。

屠格涅夫原本不愿意配合政府接受调查，但俄国公使劝他在这个时候不要让当局不高兴，否则即使他是无辜的也会被当作叛党处罚的。公使建议他给亚历山大二世上书，保证自己在信仰上是"温和的"，绝不会参与任何反政府和反人民的活动。屠格涅夫采纳了公使的建议。为了弄清"三十二人案"的实质及当局对此案的态度，屠格涅夫决定先拖延一些时间再回国受审。于是，他称病无法立刻赶回俄国，并请求当局把"审讯条款"寄到巴黎。

当局批准了屠格涅夫的请求。1863年秋，当局再度向屠格涅夫下达传票，要他立刻回国接受审查，但屠格涅夫仍不愿回国，于是再度以种种理由搪塞过去。直至收到第一次传票大约一年之后，屠格涅夫根据对案件的分析，发现自己与革命者的联系并不是当局严惩的那种，种种迹象也表明当局对此案的重视程度在降低。于是，他决定回国了结此事。

1864年1月，屠格涅夫返回俄国并向枢密院提供了自己的供词。在随后的审讯中，屠格涅夫发现自己以前的担心有些多余了，因为枢密院对他进行的审讯不过是在走形式而已。

赫尔岑在得知屠格涅夫上书亚历山大二世的事情后，非常气愤,强烈谴责他的这种行为,并于1864年1月,在《钟声》报上发表了一篇文章,对他进行辛辣讽刺。

"一位满头白发的圣女(实为男性)上书皇上,说她夜不能眠,饮食无味,整日惶恐不安,连牙齿与白头发都掉光了。害怕皇上不知道她的悔过之心,为表诚意,她斩断了与青年时代好友的一切联系。"这是赫尔岑那篇文章中的一个节段。

如此辛辣的讽刺让屠格涅夫既羞愧难当又伤心不已。上书亚历山大二世不过是一个缓兵之计,却被朋友当做出卖友谊的证据,大加挖苦和讽刺,屠格涅夫如何能不伤心。这篇文章也成了斩断他们之间多年真挚友谊的利器。

19世纪60年代初期对屠格涅夫来说是多灾多难的一段时期,在这段时期他经历了许多令他痛苦不堪的事情:与《现代人》的不和乃至决裂,赫尔岑、奥加廖夫、巴枯宁等好友的绝交,"三十二人案"的株连,许多刊物对新作《父与子》的攻击……每一件事都足以让他窒息,但它们却接踵而至,不给可怜的作家喘息的空隙。

尽管在屠格涅夫暮年的时候,赫尔岑他们又都重新与他建立起了友谊,但"三十二人案"所引起的绝交风波始终未能真正从他的心底消失。

第九章 与列夫·托尔斯泰的友谊

啊，青春！青春！或许你美妙的全部奥秘不在于能够做出一切，而在于渴望做出一切。

——屠格涅夫

1. 发现一颗耀眼的新星

　　1851年，23岁的列夫·托尔斯泰作为四等炮兵服兵役于高加索部队。在服役的那段时间，枯燥的军队生活几乎让他窒息，于是，他利用闲暇的时间开始创作小说。中篇小说《童年》就是在这一时期创作出来的。1852年，托尔斯泰把处女作《童年》的前半部分寄给了涅克拉索夫主编的《现代人》杂志，由于不自信，在稿末和信中他都没有将自己的真实姓名署上，而是胆怯地只署上了自己姓名的简略缩写。

　　令托尔斯泰意料不及的是，杂志主编涅克拉索夫对他的《童年》非常感兴趣，写信给他说："我看过了你的手稿，它是那样的引人入胜，我非常愿意发表你的这件作品，可我没有看到小说的续篇，所以不敢把话说得太绝对，但我觉得你应该是有才华的。"托尔斯泰看到信后非常受鼓舞，于是赶紧把小说的后半部分寄了过去。不久，他的处女作《童年》就出现在了《现代人》杂志上。

　　打猎一直是屠格涅夫的爱好，1852年的秋天，当他在树林里打猎时，发现地上有一本破烂的《现代人》杂志，于是就下马捡起来，随手翻阅了几页，当他看到《童年》这篇小说时，眼前一亮，于是赶快将马系好，认真地研读起来。"好久没见到这么好的小说了！"他由衷地赞叹道。

由于对《童年》这部小说的喜爱，屠格涅夫打猎完回家后，就立马给《现代人》杂志的主编涅克拉索夫写了一封信，询问他有关《童年》作者的情况。不幸的是，对于这个署名为列·尼的名不见经传的作家，主编也一无所知，但他肯定地告诉屠格涅夫："这绝对是个新出现的伟大天才"。

虽然，屠格涅夫没有从涅克拉索夫那儿得到任何关于列·尼的信息，但他并没有将他忘记。在斯巴斯科耶庄园和朋友们讨论与《现代人》杂志有关的事务时，他常常会想起在杂志上发表的中篇小说《童年》和它的神秘作者。

"你鼓励他继续写作吧。"屠格涅夫后来对涅克拉索夫说。"请转告他，我很欣赏他，向他致敬，为他鼓掌，当然，前提是他对我这样的赞同感兴趣。"

收到信后的托尔斯泰兴奋得不知所措，因受到屠格涅夫这样的大作家的赞扬而颇为得意。在列夫·托尔斯泰当时的日记中，人们发现了这样一句话："不知道为什么，读了他的作品之后就很难动笔了。"显而易见，受到鼓舞的作家开始认真研读起屠格涅夫的作品了，希图向心中的大作家靠拢。

屠格涅夫由于对列夫·托尔斯泰的处女作非常感兴趣，因此常常向人打听《童年》作者的信息。屠格涅夫的努力没有白费，经过多方打听，他终于得知在离斯巴斯科耶庄园20俄里外的一处庄园——波克罗夫斯科耶庄园里，就住着托尔斯泰的一些家人，而且还是他的亲妹妹，嫁给远亲瓦列利扬·托尔斯泰的列夫·尼古拉耶维奇。玛丽雅·尼古拉耶芙娜与她的家人住在这座庄园已经好多年了，但他们在此之前并不认识。

1852年12月，列夫·托尔斯泰的姑姑塔·叶尔戈丽斯卡娅在给他写的信中说："你的处女作在这里引起了许多人热烈的讨论：大家都迫切地想知道创作出如此成功的作品的新作家是谁。在这些人中，对你最感兴趣的要数《猎人笔记》的作者屠格涅夫。他甚至到处打听与你有关的信息，向人询问玛丽雅是不是有一位热爱创作的哥哥正在高加索服兵役。而且他坦言，如果你能一直这样写下去，你的前程将会一片光明。"

姑姑信中所说的事情让远在军营的托尔斯泰兴奋不已，于是将自己的另一部中篇小说《砍伐森林》寄给了涅克拉索夫，让他代为呈献给屠格涅夫。"他小说中一些特写的形式与你的形式可以说完全相同，甚至连用语及比喻也与《猎人笔记》相似。""但这一切绝不是那种只抓住了外表的模仿。"涅克拉索夫在转交小说给屠格涅夫时说。

不久后，托尔斯泰又给《现代人》杂志寄去了自己的另一部中篇小说《少年》，这一作品在屠格涅夫的斯巴斯科耶庄园引起了很大一场波澜，众位文学大师们聚在一起对它展开了持续好几天的讨论，赞美它是一部具有独创性的带有诗意葱茏的优秀作品。

具有多年审稿经验同时也身为大作家的涅克拉索夫甚至断定，托尔斯泰的这部中篇小说注定将永垂文学史册。因为《少年》中的一些描写是那样的唯美细腻，比如对夏天道路的细致描写，对雷雨画面的刻画，以及对受处罚的小男孩心理的描写等等，都是如此的出类拔萃，令人震惊。

《少年》发表后不久,玛丽雅·尼古拉耶芙娜的丈夫瓦列利扬·托尔斯泰便去斯巴斯科耶庄园拜访了屠格涅夫,随后,屠格涅夫也去回访了他。

1854年10月29日,屠格涅夫在给涅克拉索夫写的信中说:"我和瓦列利扬·托尔斯泰相识了。我的邻居托尔斯泰伯爵的夫人——小说《少年》作者的亲妹妹是个相当可爱、聪明,又善良迷人的女子。从她那里,我得知了列夫·托尔斯泰的许多详细信息,我还有幸见到了他的素描画像,他长得不算漂亮,但看上去聪颖而出众。"

玛丽雅在屠格涅夫拜访完后就连夜给哥哥列夫·托尔斯泰写了信,告知他这一令人兴奋的消息:名镇四海的大作家屠格涅夫专程去他们那打听他的信息,军营中的托尔斯泰得知后高兴得不得了,简直想立刻飞回去与大作家屠格涅夫相识,但军队的纪律却不容许他这样做,于是,他只好写信拜托他的妹妹,让她转告屠格涅夫,虽然他对他的了解只限于他写的小说,但他觉得自己有满腹的话想对他倾诉。

2. 托尔斯泰的慕名拜访

1855年的秋天和夏天,屠格涅夫是在斯巴斯科耶庄园度过的,回庄园消夏已经是他多年不变的习惯了。与前些年一样,天气才转暖,他就迫不及待地想从首都赶回农村。他渴望沿着捷斯纳河、奥卡河和日兹德拉河作长途旅行，渴望去美丽的河畔打猎。在这样的旅行之后，他的创作就会比平常顺利许多。

11月中的一天，当屠格涅夫正全身心地投入到长篇小说《罗婷》的修改完善工作中时，一名来自前线的年轻军官闯进了他的庄园，冲他的下人大叫，要求马上见他。这个突然的访客就是列夫·托尔斯泰。

从军队中退役回来的托尔斯泰，连家都没回就径直从火车站奔到了屠格涅夫的庄园。屠格涅夫在托尔斯泰的妹妹家见过他的画像，所以一眼就认出了他，他走上前去，热烈地拥抱了这个一身戎装的年轻人，甚至狠狠地亲吻对方的脸颊，一种相见恨晚的感觉同时从两颗伟大的心灵中迸发了出来。

两人促膝而谈了好长一段时间，随后列夫·尼古拉耶维奇·托尔斯泰表示想见见慧眼识珠的涅克拉索夫，屠格涅夫欣然同意，当天下午就带着他去拜访了涅克拉索夫。他们在涅克拉索夫家里度过了当天剩下的所有时间，他们先侃侃而谈，各诉心声，然后共进午餐，午餐后又切磋了数个小时的棋艺，直到深夜，托尔斯泰才随屠格涅夫回斯巴斯科耶庄园休息。

"他是一个多么可爱，又多么聪明的人儿啊！"屠格涅夫在与托尔斯泰相见后给他的朋友写信说，"他如同一只可爱的、精神矍铄、气宇不凡的小鹰，也许还是一只犀利的雄鹰呢！虽然他只打算在这待一个月，但我们很有希望将他永远地留在这儿。他的长相算不上漂亮，但他的那张脸非常惹人喜爱，总是精神抖擞，而且非常文雅，让人一看，就会感到异常舒服。我非常喜欢他。"

那一天，27岁的托尔斯泰为屠格涅夫他们带来了许多他们关心的军事上的详细情况，那些情况让他们一会儿高兴自豪，一会儿又非常沮丧，但又聊得非常投机。随后，列夫·托尔斯泰又向他们介绍了几部自己的新作，并给他们念了自己的小说《青年》和小说《哥萨克》的开头部分。屠格涅夫和涅克拉索夫都认真地听着，并兴奋地指出了这两部作品中的许多精彩之处。

在屠格涅夫的热心照顾下，年轻的托尔斯泰并没有在陌生的环境中感到任何拘谨和不适。屠格涅夫周围的那些优秀的作家把他看作是自己圈子里平等的一员，对他的才华和独特的艺术风格大加赞赏。

列夫·托尔斯泰的文学声誉，在他到达彼得堡之前，就已经名声鹊起了，这主要得益于他最初发表的那几部中篇自传体小说和几部军事题材的短篇小说。彼得堡的作家们都很看好他，涅克拉索夫就曾坦言他把他视作俄罗斯文学的新希望："不得不承认，我不想对您的才华的发展方向以及推动这种才华发展的动力作出过高的评价。您的作品所体现出的真实是自果戈理逝世后我在俄罗斯文学中所发现的为数不多的几个，而这种真实，正是当前的俄国社会所急需的。你以你的小说给我国的文学所带来的真实，对我国文学而言是新颖而又弥足可贵的东西。"

随后他又继续说："据我所知，当代没有哪一个作家可以像您这样令人喜爱，可以得到那么多人的热烈支持。不过，我担心混乱的时代和令人不堪的现实，以及周围那些麻木不仁的人会像侵蚀我们中的一大部分人那样将您也侵蚀掉：扼杀掉您的精力。如果没有了这种精力，是不可能成为当前的俄国社会所需要的那种优秀的作家的。"

屠格涅夫也非常认同涅克拉索夫的观点，对托尔斯泰给予了厚望，认为用不了多久，列夫·托尔斯泰就会成为俄罗斯文学中翘楚，甚至还会独占鳌头，"他有资质占有这个位子，而这个位子也正等着他去占有。"

托尔斯泰从军营到达彼得堡后不久，大诗人费特刚好从杰尔普特来探望好友屠格涅夫。在到达屠格涅夫家之前，他并不知道托尔斯泰也在这儿，于是，对眼前有趣的一幕感到很惊奇。

后来，他在回忆当天的情景时写道："当扎哈尔为我打开客厅的门时，我一眼就看到了一把带有安娜勋章绶带的短马刀，被斜放在客厅的一角。'怎么回事，这马刀是谁的？'我边向客厅走去边问扎哈尔。'请往这边走，'扎哈尔压低了声音说道，同时，指着那马刀说'这是托尔斯泰伯爵的马刀，他正在我们客厅里酣睡呢。伊凡·谢尔盖耶维奇正在书房喝茶呢。''我在屠格涅夫那里度过的一个多小时里，我们都是压低了嗓门说话的，生怕吵醒了正在门外酣睡的伯爵。'他老是这个样子，'屠格涅夫无奈地笑着说，'他刚从塞瓦斯托波尔的一个炮垒里回来，到我这儿就住下了，一住下便吃喝嫖赌无所不干。与朋友通宵狂饮，看吉卜赛杂技团的精彩演出，与一群陌生人打牌等等，每天不到两点是不会回来的，一回来倒床就睡，叫都叫不醒。我曾不止一次地劝阻过他，但毫无效果，所以现在我不管了。'"

从列夫·托尔斯泰来的那天起，屠格涅夫就像一位慈父一样爱护着比他小10岁的托尔斯泰，照顾他的生活，将他带入自己的作家圈，向朋友们热烈地赞美他，甚至将他称作亲爱的、出色的人。在那一个多月里，屠格涅夫的生活中几乎处处都有托尔斯泰的影子，他带他出席文艺晚会，带他去象棋俱乐部用晚餐，带他去观看歌剧，去听业余音乐会。他们亲密得就像热恋中的恋人，恨不得随时都陪在对方身边。

屠格涅夫很看好托尔斯泰的创作才华，于是将他引进了彼得堡文学家与记者的圈子，热情地介绍他和冈察洛夫、皮谢姆斯基、马伊科夫、波隆斯基、鲍特金、德鲁日宁、安年科夫等当时已名声斐然的作家和社会活动家们认识。屠格涅夫把托尔斯泰介绍给这些当时俄国优秀的、先进的大作家，是为了让他有机会进一步深造自己，更好地发展自己的才华。

事实证明，屠格涅夫的做法是对的，而且非常有成效。他纠正了成长中的托尔斯泰的许多不良倾向，将他引向了真正伟大的文学之路。列夫·托尔斯泰曾对别林斯基的文学观存有偏见，甚至鄙视这位大评论家的观点，但与屠格涅夫交往后不久，他就开始津津有味地推究起别林斯基的文章来了。

后来，屠格涅夫还唤起了托尔斯泰对赫尔岑的作品以及他本人的兴趣。这些现象都说明，在托尔斯泰成长的过程中，屠格涅夫扮演了极其重要的角色。

诚然，屠格涅夫与托尔斯泰之间，惺惺相惜，互相敬仰，在最初认识的那几天，他们整日形影不离，热情地倾诉着自己的观点，动情地倾听对方的滔滔之辞，并完全沉浸在这种欢乐的氛围中。可惜的是，如此亲密无间的欢乐氛围并没有持续多久，他们之间就开始出现一些小的摩擦，相互之间也起了戒心。

不久后，他们就都确信，尽管他们非常欣赏对方，但亲密无间的关系不属于他们，他们是"用不同的泥巴捏成的"，之间好像总是隔着一道不可填补的鸿沟。相差10岁的年龄固然是形成这道鸿沟的一个重要原因，但性格上的巨大差异和一些观点上的分歧则是这条鸿沟的主要缔造者。

当时的托尔斯泰正处于信念的形成和性格的完善时期，他还没有形成固定的信念，头脑中的思想常常自相矛盾，漏洞百出。他对一切传统持否定态度，对一些社会现象的评价也常常似是而非，令听者哭笑不得。再加上数年的军旅生活，让他严重感染了贵族的作风和军官的习气，一些行为让周围的人很难接受。涅克拉索夫就曾指出他的一些缺点，并表示深切担忧，担心那些不良习气会妨碍他的发展。

但伟大的心灵总是仁慈的，屠格涅夫和涅克拉索夫懂得，普通的劣酒变成美味的陈酿是需要时间的，他们相信托尔斯泰那些"古怪的念头是会消失的"，那些古怪的行为也是会绝迹的。他们觉得年轻的托尔斯泰如同一匹野生的小马，需要时间的磨炼才能成长为驰骋千里的骏马。

3. 一场几乎引发决斗的争吵

屠格涅夫与列夫·托尔斯泰就像两只刺猬，他们渴望彼此靠近，相互取暖，共同为热爱的文学事业而奋斗，但每当靠得太近的时候，他们的刺就会刺到对方。通常情况下，在发生争执后不久，他们因怀着相互喜爱的心和共同的爱好就会和解，并迫不及待地想见到对方和更加的珍惜彼此的感情。但有一次争执的结果是个例外，他们为此断绝关系长达17年之久。

1861年5月的一天，诗人费特邀请列夫·托尔斯泰和屠格涅夫到自己的庄园做客。他们一起聊文学，聊当时的俄国社会和欧洲的新变化，聊自己的新作品和朋友的大作等等。当然，也偶尔会闲聊一些生活中的趣事。

当时，屠格涅夫已经将自己的女儿安顿在了巴黎，并为她请了一个家庭女教师。在闲聊时，他们提起了孩子的教育问题，费特太太就问屠格涅夫，他为女儿请的那位英国女教师品格怎么样。屠格涅夫认为自己为女儿请的这位家庭女教师相当不错。

他为了证明自己的说法，还专门举了一个近期发生的事情作为例证：不久前，那位女教师以她惯常的认真到刻板的口气，让他为自己的女儿准备一笔款项，供她来从事慈善事业，以此来培养女儿的善良心性。接着，屠格涅夫自豪地补充说："现在，这位英国女教师又鼓励我的女儿去农村收集贫困农民的破旧衣裳，拿回来亲手补好，再送回农民那。"他的言语之间透着自豪感，并对女教师的这种教育法非常欣赏。

托尔斯泰一贯对贵族虚假的教育方式感到反感，认为它虚伪、造作，根本不能起到培养孩子良好心性的作用，相反，会培养出一些虚假的新贵族。屠格涅夫的话音刚落，托尔斯泰就接了一句："那么您是认同她的这种教育方法的了？"

屠格涅夫不假思索地回答："当然，这样做可以让施善的人增加对贫穷人的同情感。"

托尔斯泰那不屈不挠的脾气一下上来了，他直言不讳地说：

"可我觉得一位打扮得漂漂亮亮的姑娘,拿一些脏得发臭的破衣裳摆在膝头缝补,倒是像在演一幕不真实的戏。"

托尔斯泰的本意是想说真正的善行是发自内心的,而不只是做表面文章。但他说的这话让在座的人听起来像是在讽刺屠格涅夫让女儿去表演善行。一向温柔敦厚的屠格涅夫可以容忍托尔斯泰所有的乖张行为,但他绝不容许讽刺挖苦自己的女儿,于是生气地质问托尔斯泰:"您这么说,是在指责我教坏了自己的女儿吗?"

托尔斯泰并没有意识到事态的严重性,仍不依不饶地回答:"我难道不可以将我深信不疑的事情说出来吗?这有什么错?"

屠格涅夫彻底被激怒了,他愤怒地从椅子上一跳而起,指着托尔斯泰的鼻子吼道:"如果您继续用这种腔调跟我说话,我将给您两个耳光……"

一贯待他友善的屠格涅夫突然如此对他说话,让托尔斯泰无法忍受,他那骄傲的自尊心和强烈的绅士气促使他立刻离开了费特家。离开费特家之后,托尔斯泰径直去了一个离自己家不远的小火车站,在那里,他向人买了手枪和子弹,准备回去与屠格涅夫进行一场捍卫尊严的决斗。

幸运的是,他还没有冲动到完全失去理智,立马回去找屠格涅夫决斗,从内心来说,他是希望屠格涅夫通过主动向他道歉的方式来化解这场冲突。于是,他先派人给屠格涅夫送去了一封短信:"我希望,您的良心已经清醒并对您说,您之前对我的态度是多么的错误,特别是有费特及其夫人在场的情况下……"

托尔斯泰愤然离去后,屠格涅夫也意识到了自己方才言辞的粗鲁。在那样一个崇尚绅士风度的贵族社会中,当着朋友及夫人们的面说"煽耳光"之类的话是非常低俗的。收到托尔斯泰派人送来的信后，他立即给托尔斯泰回了一封真诚的道歉信："作为回信，我只能将在费特家说的话再向您说一遍：我被一种莫名的厌恶的感情所蛊惑（我知道现在以此为借口是不合适的），在没有真正从您的角度考虑之前，我就出言不逊侮辱了您，对此请您原谅。现在我以书面的形式再一次重申：请您原谅……"

可命运有时候就是这么喜欢捉弄人，当屠格涅夫的这封道歉信被送到托尔斯泰的庄园时，托尔斯泰却还没有回家。无奈，仆人只好将信又带了回来。遇到这样的情况，屠格涅夫很不放心，就又在信中对自己的疏忽表示了歉意，并命仆人赶紧再将信送过去。

尽管屠格涅夫一再道歉，但已经于事无补了。时间的延迟让托尔斯泰误以为屠格涅夫在敷衍自己，毫无诚意道歉。于是，他立刻向屠格涅夫下战书，要求与他进行决斗，信中的措词极其严厉，并且说：我希望进行一场真正的决斗。

在他们那个时代，为了捍卫尊严而决斗在上流社会被看得很正常，而且是被人赞赏的，但后果往往很让人悲伤。大诗人普希金就是在与人决斗中不幸丧命的。

屠格涅夫对自己的一时失口已经非常愧疚了，而且也真诚地道过歉了，可又收到托尔斯泰的这封措词严厉，要求进行决斗的信，内心大受打击。但事情已经到了如此无法挽回的地步，他只能接受托尔斯泰的挑战，并在回信中对自己的过错又道了一遍歉。在回信中他还表示希望依照传统方式进行决斗，就是各带一名副手。

屠格涅夫与托尔斯泰的决斗日期日渐临近，他们的朋友都感到非常害怕，他们觉得无论如何也不能让普希金的悲剧再发生在自己的这两位朋友身上，俄国文学经不起这样的损失。于是，他们在两人之间斡旋，劝解他们打消决斗的念头。而且他们也清醒地知道，屠格涅夫和托尔斯泰都是堪称神枪手的，托尔斯泰是行伍出身，精湛的枪法自然不必说，屠格涅夫虽未当过兵，但他热爱打猎，多年的打猎实践也使他练就了一手百发百中的好枪法。如此优秀的劲敌一旦相互开枪，后果肯定是两败俱伤的。

庆幸的是，在朋友们不懈地劝说下，他们终于同意放弃决斗，从而让世界文坛少了一件憾事。但事情并没有真正的解决，决斗是被取消了，可两人之间的隔阂却依然存在，而且是短期内无法弥补的。他们双方的自尊心都受到了严重的刺激，不愿再重修旧好，于是一场长达17年的绝交开始了……

4．最后的勉励

两人要决斗事件发生后许久，屠格涅夫与托尔斯泰内心的不愉快都没能淡化掉，他们甚至不愿意从朋友的口中听到对方的名字，也许，爱深痛切说的就是他们吧。但伟大的灵魂总有他令人敬佩的地方，两位伟大的作家虽然绝交了十几年，仿佛将对方从自己的世界中彻底抹杀掉了，但事实却不尽然，他们虽不交往，可对对方的作品却仍赞赏有加，品读对方的作品始终是他们共同的爱好。

屠格涅夫虽然对托尔斯泰的不近人情深表不满，但他始终像个慈爱的父亲那样，关心着托尔斯泰的一举一动，生怕这个易冲动的人再做出什么过分的事情。同时，对托尔斯泰的创作，他始终报以全力的支持，尝试着以各种途径，将他的作品介绍给全世界的读者。

　　1875年，身在巴黎的屠格涅夫召集起了一支翻译队伍，将托尔斯泰的几部优秀作品翻译成了法文，甚至准备亲自上阵，翻译他的小说《哥萨克》。为了表示对托尔斯泰的尊重，屠格涅夫还拜托他们一位共同的朋友去征求托尔斯泰的意见，托尔斯泰对翻译一事表示同意。但在交涉的过程中，他们谁都没有表示过一点对对方的怀念，或是提出恢复通信之类的事情。托尔斯泰最初能够扬名欧洲，屠格涅夫的功劳是不容忽视的，对于这样一颗伟大的心灵，我们不得不深表敬慕。

　　从上面的事件中，我们不难看出，两位伟大的作家之间的仇恨已经消逝得不见了踪迹，惺惺相惜的感情在日渐升温，但碍于颜面，他们都不愿意主动跨出友好的一步，捅破那层隔在他们之间的透明的纸。

　　1878年，托尔斯泰度过了他人生的第50个年头。50岁对一个人来说已不再年轻，少年痴狂的时期已经离他太遥远了，漫漫50年沉淀下来的只有难忘的往日情怀。午后躺在摇椅上闭目思索，昔日的种种情景一一地展现在了他的脑海中，各种画面越积越多，越多就越让他深感不安，"我必须对我以前的罪孽做出弥补了，否则，我将无法拯救我的灵魂"。挽救罪孽的灵魂成了50岁后的托尔斯泰的奋斗方向，这种挽救既体现在他后期的几部作品中，也体现在他以后的生活中。

　　本着这种悔过自新和向善的精神，在与屠格涅夫决裂17年之后，他向远在巴黎的屠格涅夫寄出了一封祈求和解的信，信中的字字句句都透着他的心声："近来，在回忆我与您的关系时，我感到既惊奇万分又高兴不已。我觉得我对您的敌意早已荡然无存了。愿上帝保佑，希望您也会有同感。坦白讲，我知道您心地善良，所以我有理由相信您对我的敌意肯定早就消失了，而且也肯定比我的消失得早。如果事实真是如此，那么就让我们共同伸出手来，同时，请您原谅我以前对您的所有冒犯之处。"

对于屠格涅夫对他的提携和帮助，托尔斯泰也从未忘记过，他在信上深情地说："对我来说，所有与您有关的记忆都是在怀念您对我的好，当然，这非常正常，因为您对我的提携和帮助一直都是那么的数不胜数。"

在信的最后，托尔斯泰深情地写道："我现在真诚地（如果您愿意原谅我的话）向您献出我所能献出的所有友谊。到了像我们这样的年纪，人生的幸福就只剩下与人们和睦相处了。如果我们之间可以重新建立起这种关系，我将欣喜万分。"

托尔斯泰在信中一改往日的骄傲，平和而真诚地向屠格涅夫请求重修友谊，对心地善良的屠格涅夫来说，这无疑是上帝赐给晚年的他的最大礼物，信还未读完，他却已泪流满面。在他的心里，他一直都是那样地热爱着这个莽撞的文学天才。读完信后，他立即给托尔斯泰写了回信，信的内容很短，但愉快之情早已溢于言表："亲爱的列夫·尼古拉耶维奇：

您寄来的信，因邮局的原因，我到今天才收到，它让我激动万分，也异常高兴。我很乐意恢复我们先前的友谊并紧握您伸给我的手。您不认为我对您有什么仇恨的感情，这一点没错。假如它曾经有过，那也早已消失无踪了——留下的只有对您的回忆，回忆一个曾让我衷心喜爱的人，回忆一个作家，对他迈出的头几步我就比别人更早地表示祝贺，对他每一个新的作品我都永远积极地表现浓厚的兴趣。我十分高兴我们之间的误会已经终止。"

3个月后，屠格涅夫回国，回国后的第一件事就是去看望托尔斯泰，并在托尔斯泰的家里住了两天。岁月夺去了他们的青春，却增添了他们之间的理解与欣赏。

屠格涅夫在他人生的最后那几年，一直致力于翻译托尔斯泰的作品，他希望将如此优秀的作品介绍给更多的人。而对于屠格涅夫，托尔斯泰也给予了一如既往的信任。托尔斯泰能够誉满全球，屠格涅夫有着无人能比的功劳。

屠格涅夫在一天天地老去，在他的晚年，他过得并不轻松，各种纷纷而至的苦恼深深地困扰着这个可怜的老人。女儿不幸的婚姻让他心如刀割，每天如坐针毡的生活，深恐女儿遭遇不测。令他痛苦的还不止于此，他的脊椎癌在一天天地恶化，这甚至让他无法坐下来写作。他的这一切遭遇让敬慕他的朋友和读者感到万分担忧。得知屠格涅夫卧床不起的消息，托尔斯泰痛苦万分，他给远在巴黎的屠格涅夫写信说："当我证实有关您患重病的传言时，我心痛极了，我才真切地感到我有多么地爱您。我觉得，如果您比我先离开这个世界，将会带给我无比大的痛苦。""我甚至想马上到巴黎去看您——我真希望所有的这一切都不是真的。"

收到托尔斯泰的这封信后，屠格涅夫勉强撑起病体给他回信说："对于我来说，虽然我的大好时光都已经过去了，但我大概还可以活一段时间，您更要好好地活下去，这不仅是为了活着这件事，还是为了让您去完成您所承担的责任，而且我相信，除了您之外，没有其他人可以担负起从事那种事业的责任。"

病中的屠格涅夫还想与托尔斯泰讨论《忏悔录》等作品，但上帝没有仁慈地给予他那么多时间。离世前不久，屠格涅夫苦撑起羸弱不堪的病体，亲自用铅笔给托尔斯泰写了一封信："我现在亲笔给您写信，只是想向您表明，我对自己有幸成为与您同时代的人是感到多么的欣慰。"

在屠格涅夫生病的那段时间，托尔斯泰曾搁笔了一段时期，并表示不再从事文学创作了。他觉得体力劳动胜过脑力劳动，所以总是忙着亲自参加体力劳动，而不再过问文学事业。屠格涅夫对此非常痛心，所以在他的有生之年，趁自己还可以拿得动笔，就给托尔斯泰写了这封劝勉的信，在信中，他向托尔斯泰发出了最后的恳求："我向您表达我最后的、衷心的请求，我的朋友，请回归文学事业吧！……假如我最后的请求能对您起到作用，我将深感欣慰和幸福！……我的朋友，俄罗斯大地上诞生的伟大作家——请答应我的请求吧！"

这封信是屠格涅夫给托尔斯泰的最后一封信，也几乎是他的绝笔。

1883年9月，客居巴黎的屠格涅夫怀着对祖国的深深怀念和对文学事业的不息热忱离开了人世。屠格涅夫去世的消息传来，让托尔斯泰震惊不已，他简直无法接受这样一个残酷的现实。在致友人的信件中，他倾吐了自己对这位艺术大师的评价："关于屠格涅夫，我不知该写什么好，因为单单提起他的一个方面，我就有无数的话想要说。我将永远爱他……我相信，您也能像我一样看到屠格涅夫的意义……在他身上所体现出的最主要的东西就是真诚。"

屠格涅夫与列夫·托尔斯泰，他们都是人类中的杰出者，他们之间的纠葛争论，是两个凡人之间不可避免的矛盾，但冲突之后的相互关注和最终和解，却是两颗伟大灵魂的高尚之处。屠格涅夫以他那慈悲之心和惜才之情，全力地帮助和引导托尔斯泰，也值得世界文学史和人类发展史铭记住他的名字。

附录

屠格涅夫生平

伊凡·谢尔盖耶维奇·屠格涅夫出生于俄国奥廖尔省一个旧式富裕贵族之家，父亲是一个骑兵团的团长，生性洒脱，无拘无束，母亲是一个富裕的女地主，脾气古怪、性情暴戾。屠格涅夫是父母的次子，从小乖巧聪敏，亲近贫苦农奴和热爱大自然。

1833年，他考进莫斯科大学文学系，一年后转入彼得堡大学哲学系语文专业，毕业后到德国柏林大学攻读哲学、历史，学习希腊文与拉丁文。在欧洲，他接触到了更加现代化的社会制度，回国后倡导俄国向西方学习，废除封建制度，尤其是要废除农奴制，被视为"欧化"的知识分子。

1843年春，他与自己的启蒙老师联名发表了叙事长诗《巴拉莎》，此诗受到别林斯基的好评，并与之建立起良好的友谊。

1847～1851年，他在进步刊物《现代人》上连载其成名作《猎人笔记》。以一个猎人的视角揭露了地主的虚伪，指出他们表面上文明仁慈，实际上却丑恶残暴的剥削者本性，充满了对受欺凌、受压榨的劳苦人民的同情。该作品强烈的反农奴制倾向让当局大为愤怒，便以其发表追悼果戈里的文章违反了审查条例为由，将其拘捕并流放一年半。著名的反农奴制的短篇小说《木木》就是他在被流放中写的。

19世纪50至70年代是他创作的旺盛期，他陆续发表了长篇小说：《罗亭》(1856)、《贵族之家》(1859)、《前夜》(1860)、《父与子》(1862)、《烟》(1867)、《处女地》(1859)。其中《罗亭》是他的第一部长篇小说，塑造了继奥涅金、皮却林之后的又一个"多余人"形象。《父与子》是屠格涅夫长篇小说的代表作，塑造了一代新人代表——平民知识分子巴札罗夫。但在巴札罗夫身上充满了矛盾，他是旧制度彻底的叛逆者，否认一切旧的传统、旧的观念，他宣称要战斗，但却没有勇气采取行动。小说问世后在文学界引起剧烈争论。

从十九世纪60年代起，他的大部分时间是在西欧度过的，在那里，他结交了许许多多著名的艺术家、作家，如左拉、莫泊桑、都德、龚古尔等。参加了在巴黎举行的"国际文学大会"，还被选为副主席（主席为维克多·雨果）。在俄罗斯文学与欧洲文学的沟通交流中，他起到了纽带与桥梁的作用。

他的一生都在为他人的自由而奋笔疾书、四处奔走，但他自己却未能飞出疾病的魔爪。1883年8月22日（公历9月3日）下午二时，在与脊椎癌斗争了一年多后，他带着对女儿一家的牵挂永远地闭上了眼睛，文学界一颗璀璨的明星从此陨落，享年65岁。

屠格涅夫年表

1818年　10月28日（公历11月9日），屠格涅夫出生于奥廖尔城。

1827年　全家迁居莫斯科。同年，进维伊坚加密尔寄宿学校学习，持续约两年。

1829年　8月至11月，与其兄尼古拉在亚美尼亚学院（后改名拉扎烈夫学院）寄宿学校学习。

1833年　9月，考进莫斯科大学，成为语文组学生。

1834年　秋季，随全家迁居彼得堡，考进彼得堡大学哲学系，仍为语文组学生。11月，其父亲去世。12月，完成剧本《斯捷诺》。

1835年　与季·尼·格拉诺夫斯基结识。

1836年　从彼得堡大学毕业。翻译莎士比亚的《奥赛罗》、《李耳王》和拜伦的《曼弗雷德》。8月，《国民教育部杂志》刊载他的第一篇作品——对安·尼·穆拉维约夫的游记的评论。

1837年　1月，在恩格利加尔特大厅的音乐早会上见到普希金，几天后与伟大诗人的遗体告别。同年，通过候补博士学位考试。

1838年　《现代人》杂志刊载他在刊物上发表的第一首诗——《傍晚》。5月，去德国，进柏林大学。同年，与尼·弗·斯坦凯维奇相识。

1839年　秋季，返回俄国。年底，在沙霍夫斯卡娅公爵夫人的晚会上初次遇见莱蒙托夫。

1840年　1月中旬，与彼·伊·克里弗佐夫一同出国。春季，在罗马与斯坦凯维奇结识。7月，与米·亚·巴枯宁相识并建立起友情。

1841年　5月，修完大学课程后离开柏林。春季与夏季，逗留于斯巴斯科耶。秋季，做客巴枯宁家的庄园普烈穆欣诺。

1842年　3月，获准参加哲学硕士学位考试。4月，女儿波琳娜出生。5月，硕士学位考试结束。7月，出国。

1843年　春季，发表长诗《巴拉莎》。后去斯巴斯科耶。同年夏季，进内务部办公厅供职，任十级文官。11月，与随意大利歌剧团来彼得堡演出的波琳娜·维阿尔多相识。同年，在《祖国纪事》杂志上刊载了数篇短诗、戏剧作品和批评文章。

1844年　夏，多次与别林斯基在彼得堡近郊的一所别墅见面。11月，《祖国纪事》刊登其中篇小说《安德烈·科洛索夫》。

1845年　春，辞去在内务部的职务，去国外旅行。

1846年　初，发表中篇小说《三幅肖象》、长诗《地主》和许多译诗。

1847年　1月，改组后的《现代人》杂志创刊号出版，刊登其短诗、评论文章、讽刺小品以及《猎人笔记》的第一篇小说——《霍尔和卡里内奇》。《祖国纪事》刊登其中篇小说《好决斗的人》及评论哥萨克弗·卢甘斯基（弗拉季米尔·达里）的短篇小说的文章。同月，去柏林。《现代人》开始连载其《猎人笔记》中的短篇小说。7月，与别林斯基在萨尔茨勃伦会面。

1848年　2月，目睹发生在巴黎的革命事件。10月，漫游法国。

1849年　4月，将喜剧《单身汉》寄给谢普金。10月，该剧在彼得堡首次上演。12月，其另一部喜剧《贵族长的早宴》上演。

1850年　6月，返回故乡消夏。11月16日，母亲去世。

1851年　12月，喜剧《麻绳爱在细处断》在彼得堡首次上演。

1852年　1月，喜剧《身无分文》在彼得堡首次上演。同月，短篇小说《三次会见》刊载于《现代人》第二期。4月至5月，因发表悼念果戈理的文章被捕，由彼得堡流放到斯巴斯科耶村，为时一年半。夏季，其《猎人笔记》的单行本在莫斯科问世。

1853年　3月底，由斯巴斯科耶秘密前往莫斯科，与波琳娜·维阿尔多幽会。11月，接到解除流放的通知。

1854年　4月，《论费·伊·丘特切夫的诗歌》一文刊载于《现代人》第四期。

1855年　《现代人》第一期刊载其喜剧《村居一月》。1月12日-14日，出席莫斯科大学周年庆祝会。4月，中篇小说《雅科夫·巴先科夫》发表于《现代人》第四期。夏季，在斯巴斯科耶静心创作长篇小说《罗亭》。11月7日，在莫斯科参加格拉诺夫斯基的葬仪，并为其写悼文。12月5日，与列·尼·托尔斯泰相识。

1856年　《现代人》第一、二期连载其长篇小说《罗亭》。10月，开始创作《贵族之家》。11月，在彼得堡出版《伊·谢·屠格涅夫一八四四年至一八五六年中、短篇小说三卷集》。

1857年　3月，喜剧《食客》刊载于《现代人》第三期。

1858年　1月，《现代人》杂志第一期刊载其中篇小说《阿霞》。

1859年《现代人》杂志第一期刊登其长篇小说《贵族之家》。1月，被选为俄罗斯文学爱好者协会的正式会员。2月，文学基金会创始人在屠格涅夫家举行午宴。11月8日，屠格涅夫作为文学基金会的创始人之一被公选为该委员会委员。

1860年《俄国导报》第一、二期连载其长篇小说《前夜》。3

月，中篇小说《初恋》刊载于《读者文库》第三期。11月24日，在俄罗斯语言、文学分会会议上被一致选为科学院通讯院士。

1861年　5月27日，与托尔斯泰发生口角，几乎造成决斗。7月，完成长篇小说《父与子》。

1862年　9月，长篇小说《父与子》单行本问世。12月，《北方蜜蜂》杂志刊登其拒绝为《现代人》撰稿的公开信。

1863年　1月，接到枢密院关于"三十二人案"的传票。

1864年　1月，向枢密院提出供词。1月28日，枢密院决议，允许其自由出入俄国。6月1日，枢密院就《三十二人一案》对其作出免予起诉决议。

1865年　2月13日，女儿波丽奈特·屠拉涅娃与加斯东·布吕埃尔在巴黎完婚。9月，其文集第三版问世。

1867年　1月，完成长篇小说《烟》，并于3月刊登在《俄国导报》第三期。

1868年　《欧洲导报》第一期刊载其短篇小说《旅长》《俄国导报》第一期刊载其短篇小说《叶尔贡诺夫中尉的故事》。12月，创作《文学回忆录》。

1869年　《俄国导报》第一期刊其短篇小说《不幸的少女》。《欧洲导报》第四期刊登其《回忆别林斯基》一文。

1870年　7月至9月，《彼得堡新闻》连载其《普法战争通讯》。

1871年　2月27日，在为加里波的义勇队募捐而在艺术家俱乐部举办的文学、音乐早会上朗诵短篇小说《总管》。4月，创作中篇小说《春潮》。

1872年　中篇小说《春潮》刊登于《欧洲导报》的第一期。

1873年　1月，构思长篇小说《处女地》，并打算以这部小说结束他的文学生涯。

1874年　3月，短篇小说《活尸首》刊载在为饥民募捐而出版的文集《醵资》上。4月，短篇小说《普宁和巴布林》发表于《欧洲导报》第四期。同月，发起"五人聚餐会"（屠格涅夫，爱·龚古尔，福楼拜，左拉和都德。）。

1875年　10月，写关于塔·格·谢甫琴科的回忆录。

1876年　1月，短篇小说《时钟》刊载于《欧洲导报》第一期。12月，与莫泊桑会晤。

1877年　长篇小说《处女地》刊载于《欧洲导报》第一期。12月，在巴黎成立俄国艺术家救援会。

1878年　6月，被选为国际文学代表大会副主席。

1879年　3月4日，向莫斯科大学学生作演说。6月，去牛津，参加授予他习惯法法学博士学位的仪式。

1880年　4月，被选为参加普希金纪念像揭幕典礼的文学基金会代表。

1881年　11月，短篇小说《爱的凯歌》发表于《欧洲通报》第11期。

1882年　3月，开始重病缠身。12月，50首《散文诗》发表于《欧洲导报》第12期。

1883年　短篇小说《克拉拉·密里奇》发表于《欧洲导报》第一期。4月，病情加重，移到布吉瓦尔疗养。6月5日，对波琳娜·维亚尔多口述特写《海上火灾》。8月，对波琳娜·维亚尔多口述短篇小说《末日》。8月22日（公历9月3日）下午2时，逝世。9月27日（公历10月9日），安葬于彼得堡沃尔科夫墓地。